Slatki Raj

Kulinarske Bajke iz Kuhinje Slatkiša

Ana Šećerović

Sadržaj

Mousse torta od jagoda 12
Božićni balvan 14
Uskrsna torta od šipaka 16
Uskršnja Simnel torta 17
Torta dvanaeste noći 19
Pita od jabuka u mikrovalnoj 20
Pita od jabuka u mikrovalnoj 21
Kolač od jabuka i oraha u mikrovalnoj 22
Kolač od mrkve u mikrovalnoj 23
Kolač od mrkve, ananasa i oraha u mikrovalnoj 24
Začinjeni kolači od mekinja iz mikrovalne 26
Pecite u mikrovalnoj torta od sira od banane i marakuje 27
Kolač od naranče u mikrovalnoj pećnici 28
Kolač od sira od ananasa u mikrovalnoj pećnici 29
Kruh s višnjama i orahom u mikrovalnoj pećnici 30
Čokoladni kolač u mikrovalnoj 31
Čokoladni kolač od badema u mikrovalnoj 32
Brownies s dvostrukom čokoladom u mikrovalnoj pećnici 34
Čokoladne pločice od datulja u mikrovalnoj 35
Čokoladni kvadratići u mikrovalnoj pećnici 36
Brzi kolač od kave u mikrovalnoj 37
Božićni kolač u mikrovalnoj pećnici 38
Kolač od mrvica u mikrovalnoj 40
Trake datuma u mikrovalnoj pećnici 41

Kruh od smokava u mikrovalnoj pećnici 42

Palačinke u mikrovalnoj 43

Voćni kolač u mikrovalnoj 44

Kokosovo voće u mikrovalnoj pećnici 45

Torta za pečenje u mikrovalnoj pećnici 46

Medenjaci za mikrovalnu 47

Pločice đumbira u mikrovalnoj pećnici 48

Zlatni kolač u mikrovalnoj 49

Medeni kolač od lješnjaka u mikrovalnoj pećnici 50

Meke granola pločice za mikrovalnu pećnicu 51

Pita od pekan oraha u mikrovalnoj pećnici 52

Kolač od soka od naranče u mikrovalnoj pećnici 53

Pavlova iz mikrovalne 54

Kolač iz mikrovalne 55

Kolač od jagoda u mikrovalnoj pećnici 56

Kolač iz mikrovalne 57

Sultana mikrovalne pločice 58

Kolačići s komadićima čokolade u mikrovalnoj pećnici 59

Kolačići s kokosom u mikrovalnoj pećnici 60

Mikrovalna firentinska 61

Kolačići s višnjama i lješnjacima u mikrovalnoj pećnici 62

Kolačići sultana u mikrovalnoj 63

Kruh od banane u mikrovalnoj 64

Kruh sa sirom u mikrovalnoj pećnici 65

Kruh s orašastim plodovima u mikrovalnoj pećnici 66

Amaretti torta bez pećnice 67

Hrskave američke rižine pločice 68

Kvadrati marelica 69

Švicarska torta od marelice 70

Izlomljeni kolačići 71

Nema pečenja kolača s mlaćenicom 72

Kriška kestena 73

Kolač od kestena 74

Pločice čokolade i badema 76

Prhki čokoladni kolač 77

Čokoladni kvadratići 78

Hladnjak za čokoladnu tortu 79

Torta od čokolade i voća 80

Kockice čokolade i đumbira 81

Deluxe kockice čokolade i đumbira 82

Kolačići od čokolade i meda 83

slojevita čokoladna torta 84

dobre čokoladice 85

Čokoladne praline kvadratići 86

Kokosov čips 87

hrskave pločice 88

Čips od kokosa i grožđica 89

Latte kvadrati 90

Voćni kolač bez pečenja 91

Voćni kvadratići 92

Hrustanje voća i vlakana 93

Nugat torta 94

Kvadratići od mlijeka i muškatnog oraščića 95

hrskavi müsli 97

Narančasti mousse kvadratići 98
Kvadrati od kikirikija 99
Kolač od pepermint bombona 100
Rižini kolači 101
Karamele od riže i čokolade 102
Pasta od badema 103
pasta od badema bez šećera 104
royal icing 105
glazura bez šećera 106
Glazura od fondana 107
Glazura od maslaca 108
Glazura od čokoladnog maslaca 109
Glazura od putera od bijele čokolade 110
Glazura od maslaca od kave 111
Glazura od maslaca od limuna 112
Glazura od narančinog maslaca 113
Glazura od krem sira 114
Narančasta glazura 115
Poklopac s likerom od naranče 116
Kolačići od zobene kaše i grožđica 117
Začinjeni zobeni kolačići 118
Kolačići od cjelovitih zobenih pahuljica 119
Keksići od naranče 120
Kolačići od naranče i limuna 121
Kolačići od naranče i oraha 122
Kolačići od naranče i čokolade 123
Pikantni kolačići od naranče 124

Kolačići s maslacem od kikirikija 125

Čokoladni maslac od kikirikija 126

Zobeni kolačići s maslacem od kikirikija 127

Kolačići s maslacem od kikirikija i kokosovim medom 128

Pecan kolačići 129

Kolačići vjetrenjača 130

Brzi keksi s mlaćenicom 131

Kolačići s grožđicama 132

meki kolačići s grožđicama 133

narezane grožđice i melasa 134

Ratafia kolačići 135

Rižini krekeri i žitarice 136

romske kreme 137

kolačići s pijeskom 138

Kolačići od kiselog vrhnja 139

Kolačići od smeđeg šećera 140

Muškatni šećerni kolačići 141

pijesak 142

Božićni kolačići 143

slatki kruh s medom 144

Kolačići s limunovim maslacem 145

Slatki kruh s mljevenim mesom 146

Keksići od pecan pecana 147

Keksići od naranče 148

Bogataševi slatki kruh 149

Kolačići od cjelovitih zobenih pahuljica 150

Bademovi kovitlaci 151

Čokoladni beze kolačići ... 152
Kolačići ... 153
Sladoledna torta od đumbira ... 154
Shrewsbury keksi ... 155
Španjolski pikantni kolačići ... 156
starinski kolačići sa začinima ... 157
Zgrada Molasses ... 158
Kolačići od melase, marelice i oraha ... 159
Kolačići od melase od mlaćenice ... 160
Kolačići od melase i kave ... 161
Kolačići od melase i datulja ... 162
Medenjaci od melase ... 163
Kolačići od vanilije ... 164
Kolačići od oraha ... 165
Hrskavi kolačići ... 166
Kolačići sa sirom Cheddar ... 167
Krekeri od plavog sira ... 168
Krekeri od sira i sezama ... 169
Sirni štapići ... 170
Krekeri od sira i rajčice ... 171
Zalogaji od kozjeg sira ... 172
Rolice od šunke i senfa ... 173
Keksi od šunke i paprike ... 174
Jednostavni kolačići sa začinskim biljem ... 175
Indijski kolačići ... 176
Prhko tijesto od lješnjaka i ljutike ... 177
Krekeri od lososa i kopra ... 178

Soda kolačići 179

Mlinci za rajčice i parmezan 180

Kolačići od rajčice i začinskog bilja 181

Jednostavan bijeli kruh 182

peciva 183

baps 183

Kremasti ječmeni kruh 185

Pivski kruh 186

Bostonski smeđi kruh 187

Lonci od mekinja 188

Kiflice s maslacem 189

Kruh s mlaćenicom 190

kanadski kukuruzni kruh 191

Cornish peciva 192

Seoski somun 193

Seoska pletenica s makom 194

Seoski kruh od cjelovitog zrna 195

Curry pletenice 196

Odjeli Devona 198

Kruh od pšeničnih klica s voćem 199

Voćne mliječne pletenice 200

Žitni kruh 201

Barn rolnice 202

Kruh od lješnjaka 203

Grisini 204

Crop pletenica 205

mliječni kruh 207

Voćni kruh s mlijekom 208

jutarnji kruh 209

mekani kruh 210

Kruh bez kvasca 211

tijesto za pizzu 212

Klip zobi 213

zobena kaša 214

Pita kruh 215

brzi kruh od cjelovitog zrna pšenice 216

Mekani rižin kruh 217

Kruh od riže i badema 218

Mousse torta od jagoda

Za tortu od 23 cm/9 inča

Za tortu:

100 g/1 šalica samodizajućeg brašna

100g/4oz/½ šalice maslaca ili margarina, omekšalog

100 g/4 oz/½ šalice šećera u prahu (superfinog)

2 jaja

Za mousse:

15 ml/1 žlica želatine u prahu

30 ml/2 žlice vode

1 funta/450 g jagoda

3 jaja, odvojena

3 oz/75 g/1/3 šalice šećera u prahu (superfinog)

5 ml/1 žličica soka od limuna

300 ml/½ pt/1¼ šalice dvostrukog vrhnja (jakog)

30 ml/2 žlice narezanih badema u listićima, lagano prepečenih

Pomiješajte sastojke za kolač dok ne postanu glatki. Izlijte u podmazan kalup za tortu 9/23 cm obložen papirom za pečenje i pecite u prethodno zagrijanoj pećnici na 190°C/375°F/plinska oznaka 5 25 minuta, dok tijesto ne porumeni i postane čvrsto. Izvadite iz kalupa i ostavite da se ohladi.

Za izradu moussea želatinu pospite vodom u posudi i miješajte dok ne postane pjenasta. Stavite posudu u lonac s vrućom vodom i ostavite da odstoji dok se ne otopi. Pustiti da se malo ohladi. U međuvremenu pasirajte 350 g jagoda i propasirajte ih kroz cjedilo da im uklonite sjemenke. Tucite žumanjke i šećer dok smjesa ne postane svijetla i gusta i dok se miješanjem ne sklizne u trake. Dodajte pire, limunov sok i želatinu. Istucite vrhnje dok ne postane čvrst, a zatim pola umiješajte u smjesu. Čistom pjenjačom i zdjelom istucite čvrsti snijeg od bjelanjaka pa ih dodajte u smjesu.

Prerežite tortu vodoravno na pola i jednu polovicu stavite na dno čiste posude za tart (pleha) obložene prozirnom folijom (plastičnom folijom). Preostale jagode narežite na ploške i stavite ih na kolačić, zatim premažite aromatiziranom kremom i na kraju prekrijte drugim korom torte. Pritisnite vrlo nježno. Neka se ohladi dok ne postane čvrsta.

Za posluživanje, okrenite tart na tanjur za posluživanje i uklonite prozirnu foliju (plastičnu foliju). Ukrasite preostalom kremom i ukrasite bademima.

Božićni balvan

učiniti jedno

3 jaja

100 g/4 oz/½ šalice šećera u prahu (superfinog)

1 šalica/4 oz/100 g glatkog brašna (višenamjenskog)

50 g/½ šalice tamne čokolade (poluslatke), naribane

15 ml/1 žlica vruće vode

Šećer u prahu (superfini) za posipanje

Za glazuru (glazuru):
¾ šalice/6 oz/175 g maslaca ili margarina, omekšalog

12 oz/350 g/2 šalice šećera u prahu (šećera u prahu), prosijanog

30 ml/2 žlice mlake vode

30 ml/2 žlice kakaa u prahu (nezaslađena čokolada) Za ukrašavanje:

Listovi božikovine i crvendaći (po želji)

Pjenasto izmiksajte jaja i šećer u zdjeli otpornoj na toplinu u loncu s kipućom vodom. Nastavite tući dok smjesa ne postane čvrsta i ispada iz miksera u trakicama. Maknite s vatre i tucite dok se ne ohladi. Umiješajte pola brašna pa dodajte čokoladu pa ostatak brašna pa vodu. Izlijte u podmazan kalup za rolade obložen papirom za pečenje i pecite u prethodno zagrijanoj pećnici na 220°C/425°F/plinska oznaka 7 oko 10 minuta dok smjesa ne postane čvrsta. Pospite veliki list pergamentnog papira (voštani papir) šećerom u prahu. Izvadite kolač iz kalupa, stavite ga na papir i odrežite rubove. Pokrijte drugim listom papira i zarolajte labavo od kraćeg ruba.

Za glazuru pomiješajte maslac ili margarin i šećer u prahu pa dodajte vodu i kakao. Ohlađeni tart razvaljajte, skinite papir i premažite tart polovicom glazure. Ponovno ga razvaljajte, prelijte preostalom glazurom i izrežite vilicom da bude poput debla. Preko toga prosijati malo šećera u prahu i ukrasiti po želji.

Uskrsna torta od šipaka

Pravi tortu od 20 cm/8 inča

3 oz/75 g/1/3 šalice smeđeg šećera

3 jaja

¾ šalice/3 oz/75 g brašna koje se samo diže

15 ml/1 žlica kakaa u prahu (nezaslađena čokolada)

15 ml/1 žlica mlake vode

Za nadjev:
2 oz/50 g/¼ šalice maslaca ili margarina, omekšalog

3 oz/75 g/½ šalice šećera u prahu, prosijanog

Za naslovnicu:
4 oz/100 g/1 šalica tamne čokolade (poluslatke)

1 oz/25 g/2 žlice maslaca ili margarina

Traka ili šećerno cvijeće (po izboru)

Pjenasto izmiksajte šećer i jaja u zdjeli otpornoj na toplinu postavljenoj iznad posude s kipućom vodom. Nastavite tući dok smjesa ne postane gusta i kremasta. Pustite da odstoji nekoliko minuta, a zatim maknite s vatre i ponovno tucite dok smjesa ne ostavi trag kada se makne pjenjača. Dodati brašno i kakao, pa vodu. Smjesu izlijte u podmazan i obložen kalup za tart 20cm/8 te u podmazan i obložen kalup za tart 15cm/6. Pecite u prethodno zagrijanoj pećnici na 200°C/400°F/plinska oznaka 6 15-20 minuta, dok se tijesto dobro ne digne i postane čvrsto na dodir. Ostavite da se ohladi na rešetki.

Za fil izmiksati margarin i šećer u prahu. Koristite ovo da stavite manju tortu na veću.

Da biste napravili nadjev, otopite čokoladu i maslac ili margarin u zdjeli otpornoj na toplinu u tavi s kipućom vodom. Nadjev izlijte na kolač i nožem umočenim u vruću vodu rasporedite tako da bude potpuno prekriven. Ukrasite rub vrpcom ili šećernim cvjetovima.

Uskršnja Simnel torta

Pravi tortu od 20 cm/8 inča

8 oz/225 g/1 šalica maslaca ili margarina, omekšalog

8 oz/225 g/1 šalica blagog smeđeg šećera

ribana korica 1 limuna

4 razmućena jaja

8 oz/2 šalice/225 g glatkog brašna (višenamjenskog)

5 ml/1 žličica praška za pecivo

2,5 ml/½ žličice naribanog muškatnog oraščića

50 g/2 oz/½ šalice kukuruznog brašna (kukuruzni škrob)

100g/4oz/2/3 šalice grožđica (zlatne grožđice)

100g/4oz/2/3 šalice grožđica

75g/3oz/½ šalice crvenog ribiza

4 oz/100 g/½ šalice kandiranih višanja (ušećerenih), nasjeckanih

1 oz/25 g/¼ šalice mljevenih badema

1 funta/450 g paste od badema

30 ml/2 žlice džema od marelica (iz konzerve)

1 bjelanjak, tučen

Umutite maslac ili margarin, šećer i koricu limuna dok ne postane pjenasto. Postupno dodajte jaja, zatim dodajte brašno, prašak za pecivo, muškatni oraščić i kukuruznu krupicu. Dodajte voće i bademe. Pola smjese izlijte u podmazan kalup za tortu visine 20 cm obložen papirom za pečenje. Polovicu paste od badema razvaljajte u krug veličine kolača i stavite na vrh smjese. Napunite preostalom smjesom i pecite u prethodno zagrijanoj pećnici na 160°C/325°F/plinska oznaka 3 2 do 2,5 sata dok ne porumene. Ostavite da se ohladi u limu. Kad se ohladi izvadite iz kalupa i zamotajte u pek papir (voštani papir). Čuvajte u hermetički zatvorenoj posudi do tri tjedna, ako je moguće, da sazrije.

Za završetak kolača namažemo vrh džemom. Preostale tri četvrtine paste od badema namažite u krug od 8/20 cm, zagladite rubove i stavite na tortu. Preostalu pastu od badema razvaljajte u 11 kuglica (da predstavljaju učenike bez Jude). Gornji dio kolača premažite umućenim bjelanjkom i razvucite kuglice oko ruba kolača, a zatim premažite bjelanjkom. Stavite pod vrući brojler dok lagano ne porumene, otprilike minutu.

Torta dvanaeste noći

Pravi tortu od 20 cm/8 inča

8 oz/225 g/1 šalica maslaca ili margarina, omekšalog

8 oz/225 g/1 šalica blagog smeđeg šećera

4 razmućena jaja

8 oz/2 šalice/225 g glatkog brašna (višenamjenskog)

5 ml / 1 žličica. 1/2 žličice mljevene mješavine začina (pita od jabuka)

6 oz/175 g/1 šalica grožđica (zlatne grožđice)

100g/4oz/2/3 šalice grožđica

75g/3oz/½ šalice crvenog ribiza

50 g/¼ šalice kandiranih višanja (ušećerenih)

1/3 šalice/2 oz/50 g nasjeckane miješane (ušećerene) kore

30ml/2 žlice mlijeka

12 svijeća za ukrašavanje

Miksajte maslac ili margarin i šećer dok smjesa ne postane svijetla i pjenasta. Postupno dodajte jaja, zatim dodajte brašno, mješavinu začina, voće i koricu i miješajte dok se ne sjedini. Po potrebi dodajte malo mlijeka dok smjesa ne postane glatka. Izlijte u podmazan i obložen kalup za tortu od 20 cm i pecite u prethodno zagrijanoj pećnici na 180°C/350°F/plinska oznaka 4 2 sata, dok čačkalica zabodena u sredinu ne izađe čista. Napustiti

Pita od jabuka u mikrovalnoj

Čini kvadrat od 23 cm

100g/4oz/½ šalice maslaca ili margarina, omekšalog

100g/4oz/½ šalice blagog smeđeg šećera

30 ml/2 žlice zlatnog sirupa (svijetli kukuruzni)

2 jaja, lagano tučena

8 oz/225 g/2 šalice samodižućeg brašna

10 ml/2 žličice mljevene mješavine začina (pita od jabuka)

120 ml/4oz/½ šalice mlijeka

2 jabuke za kuhanje (kisele), oguljene, očišćene od koštice i narezane na tanke ploške

15 ml/1 žlica šećera u prahu (superfinog)

5 ml/1 žličica mljevenog cimeta

Pomiješajte maslac ili margarin, smeđi šećer i sirup dok ne dobijete laganu, pahuljastu smjesu. Malo po malo dodajte jaja. Dodajte brašno i pomiješane začine, zatim dodajte mlijeko dok smjesa ne bude glatka. Dodajte jabuke. Izlijte u podmazan i obložen kalup za mikrovalnu pećnicu (23 cm/9 inča) i pecite u mikrovalnoj pećnici na srednje jakoj vatri 12 minuta dok se ne stegne. Pustite da odstoji 5 minuta, zatim okrenite i pospite šećerom u prahu i cimetom.

Pita od jabuka u mikrovalnoj

Pravi tortu od 20 cm/8 inča

100g/4oz/½ šalice maslaca ili margarina, omekšalog

175 g/¾ šalice blagog smeđeg šećera

1 jaje, lagano tučeno

1½ šalice/6 oz/175 g glatkog brašna (višenamjenskog)

2,5 ml/½ žličice praška za pecivo

Prstohvat soli

2,5 ml/½ žličice mljevene pimente

1,5 ml/¼ žličice naribanog muškatnog oraščića

1,5 ml/¼ žličice mljevenog klinčića

300 ml/½ pt/1¼ šalice nezaslađene kaše od jabuka (umak)

75g/3oz/½ šalice grožđica

Šećer u prahu (konditorski) za posipanje

Istucite maslac ili margarin i smeđi šećer dok ne postane pjenasto. Postupno dodajte jaje, zatim dodajte brašno, prašak za pecivo, sol i začine, naizmjenično s kašom od jabuka i grožđicama. Izlijte u podmazanu i pobrašnjenu posudu za pečenje od 20 cm za mikrovalnu pećnicu i stavite u mikrovalnu pećnicu 12 minuta. Ostavite da se ohladi u kalupu, pa izrežite na kvadrate i pospite šećerom u prahu.

Kolač od jabuka i oraha u mikrovalnoj

Pravi tortu od 20 cm/8 inča

¾ šalice/6 oz/175 g maslaca ili margarina, omekšalog

100 g/4 oz/½ šalice šećera u prahu (superfinog)

3 jaja, lagano tučena

30 ml/2 žlice zlatnog sirupa (svijetli kukuruzni)

ribana korica i sok od 1 limuna

1½ šalice/6 oz/175 g brašna koje se samo diže

50 g/½ šalice nasjeckanih oraha

1 jabuka za jelo (za desert), oguljena, očišćena od jezgre i nasjeckana

100g/2/3 šalice šećera u prahu

30 ml/2 žlice soka od limuna

15 ml/1 žlica vode

Polovice oraha za ukrašavanje

Umutite maslac ili margarin i šećer u prahu dok ne postane pjenasto. Postupno dodajte jaja, zatim sirup, limunovu koricu i sok. Dodati brašno, sjeckane orahe i jabuku. Izlijte u podmazanu okruglu zdjelu od 20 cm prikladnu za mikrovalnu pećnicu i stavite u mikrovalnu pećnicu 4 minute. Izvadite iz pećnice i prekrijte folijom. Ostaviti da se ohladi. Pomiješajte šećer u prahu s limunovim sokom i dovoljno vode da dobijete glatku glazuru. Premažite tortu i ukrasite polovicama oraha.

Kolač od mrkve u mikrovalnoj

Za jednu tortu od 18 cm/7 inča

100g/4oz/½ šalice maslaca ili margarina, omekšalog

100g/4oz/½ šalice blagog smeđeg šećera

2 razmućena jaja

Naribana korica i sok 1 naranče

2,5 ml/½ žličice mljevenog cimeta

Prstohvat naribanog muškatnog oraščića

100 g mrkve, naribane

100 g/1 šalica samodizajućeg brašna

1 oz/25 g/¼ šalice mljevenih badema

1 oz/25 g/2 žlice šećera u prahu (superfinog)

Za naslovnicu:

100 g krem sira

2 oz/50 g/1/3 šalice šećera u prahu, prosijanog

30 ml/2 žlice soka od limuna

Istucite maslac i šećer dok ne postane pjenasto. Postupno dodajte jaja, zatim dodajte sok i koricu naranče, začine i mrkvu. Dodajte brašno, bademe i šećer. Izliti u podmazan kalup za torte promjera 18 cm i obložen papirom za pečenje te prekriti prozirnom folijom (plastičnom folijom). Pecite u mikrovalnoj pećnici na visokoj temperaturi 8 minuta, dok čačkalica zabodena u sredinu ne izađe čista. Uklonite prozirnu foliju i ostavite da odstoji 8 minuta prije nego što ga okrenete na rešetku da se ohladi. Umutite sastojke za preliv pa premažite preko ohlađenog kolača.

Kolač od mrkve, ananasa i oraha u mikrovalnoj

Pravi tortu od 20 cm/8 inča

8 oz/225 g/1 šalica šećera u prahu (superfinog)

2 jaja

120 ml/4oz/½ šalice ulja

1,5 ml/¼ žličice soli

5 ml/1 žličica sode bikarbone (natrij bikarbona)

100 g/1 šalica samodizajućeg brašna

5 ml/1 žličica mljevenog cimeta

175 g mrkve, naribane

75 g/¾ šalice nasjeckanih oraha

225 g mljevenog ananasa sa sokom

Za glazuru (glazuru):

½ oz/15 g/1 žlica maslaca ili margarina

2 oz/50 g/¼ šalice krem sira

10 ml/2 žličice soka od limuna

Šećer u prahu (šećer u prahu), prosijan

Veliki okrugli oblik (cijev) obložite papirom za pečenje. Pomiješajte šećer, jaja i ulje. Nježno dodajte suhe sastojke dok se dobro ne izmiješaju. Dodajte preostale sastojke za kolač. Ulijte tijesto u pripremljenu posudu, stavite ga naopačke na rešetku ili tanjur i pecite u mikrovalnoj pećnici na visokoj temperaturi 13 minuta ili dok se ne stegne. Pustite da odstoji 5 minuta, a zatim okrenite na rešetku da se ohladi.

U međuvremenu pripremite glazuru. Stavite maslac ili margarin, krem sir i limunov sok u zdjelu i stavite u mikrovalnu pećnicu na

30 do 40 sekundi. Postupno dodajte dovoljno šećera u prahu da dobijete gustu konzistenciju i tucite dok ne postane pjenasto. Kada se kolač ohladi premažite ga glazurom.

Začinjeni kolači od mekinja iz mikrovalne

prije 15 godina

¾ šalice/3 oz/75 g All Bran žitarica

250 ml/8 oz/1 šalica mlijeka

1½ šalice/6 oz/175 g glatkog brašna (višenamjenskog)

3 oz/75 g/1/3 šalice šećera u prahu (superfinog)

10 ml/2 žličice praška za pecivo

10 ml/2 žličice mljevene mješavine začina (pita od jabuka)

Prstohvat soli

60 ml/4 žlice zlatnog sirupa (svijetli kukuruzni)

45 ml/3 žlice ulja

1 jaje, lagano tučeno

75g/3oz/½ šalice grožđica

15 ml/1 žlica naribane narančine korice

Namočite žitarice u mlijeku 10 minuta. Pomiješajte brašno, šećer, prašak za pecivo, mješavinu začina i sol pa umiješajte u muesli. Dodajte sirup, ulje, jaje, grožđice i koricu naranče. Stavite u papirnate kutije (papir za kolače) i pecite u mikrovalnoj pećnici po pet kolača na visokoj razini 4 minute. Ponovite postupak za preostale kolače.

Pecite u mikrovalnoj torta od sira od banane i marakuje

Za tortu od 23 cm/9 inča

100g/4oz/½ šalice maslaca ili margarina, otopljenog

1½ šalice/6 oz/175 g mrvica od medenjaka

9 oz/250 g/1 velika šalica krem sira

6 tečnih oz/175 ml/¾ šalice kiselog vrhnja (kiselog mliječnog proizvoda)

2 jaja, lagano tučena

100 g/4 oz/½ šalice šećera u prahu (superfinog)

ribana korica i sok od 1 limuna

150 ml/¼ pt/2/3 šalice vrhnja za šlag

1 banana, narezana na ploške

1 marakuje, nasjeckana

Pomiješajte maslac ili margarin i mrvice krekera i utisnite na dno i stranice posude za puding (9 inča/23 cm) prikladne za mikrovalnu pećnicu. Zagrijte u mikrovalnoj pećnici na jakoj temperaturi 1 minutu. Ostaviti da se ohladi.

Miksajte krem sir i kiselo vrhnje dok ne postane glatko, zatim dodajte jaje, šećer, limunov sok i koricu. Izlijte na podlogu i ravnomjerno rasporedite. Kuhajte na srednjoj vatri 8 minuta. Ostaviti da se ohladi.

Istucite čvrsti šlag pa ga rasporedite po poklopcu. Ukrasite ploškama trpuca i na vrh stavite pulpu marakuje.

Kolač od naranče u mikrovalnoj pećnici

Pravi tortu od 20 cm/8 inča

2 oz/50 g/¼ šalice maslaca ili margarina

12 digestivnih keksa (graham krekeri), mljevenih

100 g/4 oz/½ šalice šećera u prahu (superfinog)

8 oz/225 g/1 šalica krem sira

2 jaja

30 ml/2 žlice koncentrata soka od naranče

15 ml/1 žlica soka od limuna

150 ml/¼ pt/2/3 šalice kiselog vrhnja (proizvod od kiselog mlijeka)

Prstohvat soli

1 naranča

30 ml/2 žlice džema od marelica (iz konzerve)

150 ml/¼ pt/2/3 šalice dvostrukog vrhnja (jakog)

Otopite maslac ili margarin u posudi za puding od 20 cm u mikrovalnoj pećnici 1 minutu. Dodajte mrvice kolačića i 25 g/2 žlice šećera i utisnite na dno i stranice posude. Sir pjenasto izmiksajte s preostalim šećerom i jajima pa dodajte sok od naranče i limuna, kiselo vrhnje i sol. Ulijte u zdjelu i stavite u mikrovalnu na 2 minute. Pustite da odstoji 2 minute, a zatim zagrijavajte u mikrovalnoj pećnici na najjačoj temperaturi još 2 minute. Pustite da odstoji 1 minutu, zatim zagrijte u mikrovalnoj pećnici na najjačoj temperaturi 1 minutu. Ostaviti da se ohladi.

Ogulite naranču i oštrim nožem odstranite opne. Pekmez otopite i njime premažite tortu od sira. Umutiti vrhnje i staviti ga na rub torte od sira. Zatim ga ukrasite komadićima naranče.

Kolač od sira od ananasa u mikrovalnoj pećnici

Za tortu od 23 cm/9 inča

100g/4oz/½ šalice maslaca ili margarina, otopljenog

1½ šalice/6 oz/175 g Digestive kreker mrvica (Graham krekeri)

9 oz/250 g/1 velika šalica krem sira

2 jaja, lagano tučena

5 ml/1 žličica naribane kore limuna

30 ml/2 žlice soka od limuna

3 oz/75 g/1/3 šalice šećera u prahu (superfinog)

14 oz/400 g/1 velika konzerva ananasa, ocijeđenog i nasjeckanog

150 ml/¼ pt/2/3 šalice dvostrukog vrhnja (jakog)

Pomiješajte maslac ili margarin i mrvice krekera i utisnite na dno i stranice posude za puding (9 inča/23 cm) prikladne za mikrovalnu pećnicu. Zagrijte u mikrovalnoj pećnici na jakoj temperaturi 1 minutu. Ostaviti da se ohladi.

Pomiješajte krem sir, jaja, koricu limuna, sok i šećer dok ne postane glatko. Dodajte ananas i izlijte na dno. Pecite u mikrovalnoj pećnici na srednjoj vatri 6 minuta dok se ne stegne. Ostaviti da se ohladi.

Istucite vrhnje u čvrsti šlag pa ga rasporedite po kolaču od sira.

Kruh s višnjama i orahom u mikrovalnoj pećnici

Pravi štrucu od 900 g/2 lb

¾ šalice/6 oz/175 g maslaca ili margarina, omekšalog

175 g/¾ šalice blagog smeđeg šećera

3 razmućena jaja

8 oz/2 šalice/225 g glatkog brašna (višenamjenskog)

10 ml/2 žličice praška za pecivo

Prstohvat soli

45 ml/3 žlice mlijeka

3 oz/75 g/1/3 šalice kandiranih višanja (ušećerenih)

75 g/¾ šalice nasjeckanih miješanih orašastih plodova

1 oz/25 g/3 žlice šećera u prahu, prosijanog

Istucite maslac ili margarin i smeđi šećer dok ne postane pjenasto. Postupno umiješajte jaja pa dodajte brašno, prašak za pecivo i sol. Dodajte dovoljno mlijeka da dobijete glatku smjesu, zatim dodajte višnje i orahe. Izlijte u namazanu i pobrašnjenu posudu od 900 g za mikrovalnu pećnicu i pospite šećerom. Pecite u mikrovalnoj pećnici na visokoj temperaturi 7 minuta. Pustite da odstoji 5 minuta, a zatim okrenite na rešetku da se ohladi.

Čokoladni kolač u mikrovalnoj

Za jednu tortu od 18 cm/7 inča

8 oz/225 g/1 šalica maslaca ili margarina, omekšalog

6 oz/175 g/¾ šalice šećera u prahu (superfinog)

1 ¼ šalice/5 oz/150 g brašna koje se samo diže

50 g/¼ šalice kakaa u prahu (nezaslađena čokolada)

5 ml/1 žličica praška za pecivo

3 razmućena jaja

45 ml/3 žlice mlijeka

Pomiješajte sve sastojke i stavite u namašćenu posudu za pečenje (18 cm) obloženu papirom za pečenje. Pecite u mikrovalnoj pećnici na visokoj temperaturi 9 minuta dok ne postane čvrsta na dodir. Ostavite da se hladi u limu 5 minuta, a zatim preokrenite na rešetku da se ohladi.

Čokoladni kolač od badema u mikrovalnoj

Pravi tortu od 20 cm/8 inča

Za tortu:

100g/4oz/½ šalice maslaca ili margarina, omekšalog

100 g/4 oz/½ šalice šećera u prahu (superfinog)

2 jaja, lagano tučena

100 g/1 šalica samodizajućeg brašna

50 g/½ šalice kakaa u prahu (nezaslađena čokolada)

2 oz/50 g/½ šalice mljevenih badema

150 ml/¼ pt/2/3 šalice mlijeka

60 ml/4 žlice zlatnog sirupa (svijetli kukuruzni)

Za glazuru (glazuru):

4 oz/100 g/1 šalica tamne čokolade (poluslatke)

1 oz/25 g/2 žlice maslaca ili margarina

8 cijelih badema

Za tortu kremasto miješajte maslac ili margarin i šećer dok ne dobijete pjenastu smjesu. Postupno dodajte jaja, pa brašno i kakao, pa bademe u prahu. Dodajte mlijeko i sirup i miješajte dok ne postane glatko. Izlijte na tanjur prikladan za mikrovalnu pećnicu (20 cm/8 inča) prekriven prozirnom folijom (plastičnom folijom) i stavite u mikrovalnu pećnicu na jakoj 4 minute. Izvadite iz pećnice, pokrijte gornju stranu folijom i ostavite da se malo ohladi, a zatim okrenite na rešetku da se ohladi.

Za glazuru otopiti čokoladu i maslac ili margarin na jakoj vatri 2 minute. Dobro je. Polovicu badema umočiti u čokoladu i ostaviti na (voštanom) papiru za pečenje. Preostalu glazuru prelijte preko torte, rasporedite je po vrhu i sa strane. Ukrasite bademima i ostavite da se stegne.

Brownies s dvostrukom čokoladom u mikrovalnoj pećnici

prije 8 godina

1¼ šalice/5 oz/150 g tamne čokolade (poluslatke), grubo nasjeckane

3 oz/75 g/1/3 šalice maslaca ili margarina

175 g/¾ šalice blagog smeđeg šećera

2 jaja, lagano tučena

1¼ šalice/5 oz/150 g glatkog brašna (višenamjenskog)

2,5 ml/½ žličice praška za pecivo

2,5 ml/½ žličice esencije vanilije (ekstrakt)

30ml/2 žlice mlijeka

Otopite 50 g/½ šalice čokolade s maslacem ili margarinom na jakoj vatri 2 minute. Dodajte šećer i jaja, zatim dodajte brašno, prašak za pecivo, aromu vanilije i mlijeko dok smjesa ne postane glatka. Ulijte u podmazanu četvrtastu zdjelu od 20 cm prikladnu za mikrovalnu pećnicu i stavite u mikrovalnu pećnicu 7 minuta. Pustite da se ohladi na limu za pečenje 10 minuta. Preostalu čokoladu otopite na jakoj vatri 1 minutu, zatim premažite tortu i ostavite da se ohladi. Izrežite na kvadrate.

Čokoladne pločice od datulja u mikrovalnoj

prije 8 godina

50 g/2 oz/1/3 šalice datulja bez koštica, nasjeckanih

60 ml/4 žlice kipuće vode

2½ oz/65 g/1/3 šalice maslaca ili margarina, omekšalog

8 oz/225 g/1 šalica šećera u prahu (superfinog)

1 jaje

1 šalica/4 oz/100 g glatkog brašna (višenamjenskog)

10 ml/2 žličice kakaa u prahu (nezaslađena čokolada)

2,5 ml/½ žličice praška za pecivo

Prstohvat soli

¼ šalice/1 oz/25 g nasjeckanih miješanih orašastih plodova

4 oz/100 g/1 šalica tamne čokolade (poluslatke), sitno nasjeckane

Datulje pomiješajte s kipućom vodom i ostavite da se ohlade. Maslac ili margarin umutiti s polovicom šećera dok ne postane pjenasto. Postupno dodajte jaje, pa naizmjenično dodajte brašno, kakao, prašak za pecivo te smjesu soli i datulja. Izlijte u namašćenu i pobrašnjenu četvrtastu posudu promjera 20 cm za mikrovalnu pećnicu. Preostali šećer pomiješajte s orasima i čokoladom i posipajte po tome uz lagani pritisak. Pecite u mikrovalnoj pećnici na visokoj temperaturi 8 minuta. Ostavite da se ohladi u kalupu prije rezanja na kvadrate.

Čokoladni kvadratići u mikrovalnoj pećnici

prije 16 godina

Za tortu:

2 oz/50 g/¼ šalice maslaca ili margarina

5 ml/1 žličica šećera u prahu (superfinog)

¾ šalice/3 oz/75 g glatkog brašna (višenamjenskog)

1 žumanjak

15 ml/1 žlica vode

175 g/6 oz/1½ šalice tamne čokolade (poluslatke), naribane ili sitno nasjeckane

Za naslovnicu:

50g/2oz/¼ šalice maslaca ili margarina

2 oz/50 g/¼ šalice šećera u prahu (superfinog)

1 jaje

2,5 ml/½ žličice esencije vanilije (ekstrakt)

100g/1 šalica nasjeckanih oraha

Za izradu kolača omekšali maslac ili margarin i dodajte šećer, brašno, žumanjke i vodu. Ravnomjerno rasporedite smjesu u četvrtastu zdjelu od 8 inča/20 cm prikladnu za mikrovalnu pećnicu i stavite je u mikrovalnu pećnicu 2 minute. Pospite čokoladom i stavite u mikrovalnu 1 minutu. Ravnomjerno rasporedite po površini i ostavite da se stvrdne.

Za preljev zagrijte maslac ili margarin u mikrovalnoj pećnici 30 sekundi. Dodajte preostale sastojke za preljev i premažite preko čokolade. Zagrijte u mikrovalnoj pećnici na jakoj temperaturi 5 minuta. Pustite da se ohladi, a zatim izrežite na kvadrate.

Brzi kolač od kave u mikrovalnoj

Za tortu od 19 cm/7 inča

Za tortu:

8 oz/225 g/1 šalica maslaca ili margarina, omekšalog

8 oz/225 g/1 šalica šećera u prahu (superfinog)

8 oz/225 g/2 šalice samodižućeg brašna

5 jaja

45 ml/3 žlice esencije kave (ekstrakt)

Za glazuru (glazuru):

30 ml/2 žlice esencije kave (ekstrakt)

175 g/¾ šalice maslaca ili margarina

Šećer u prahu (šećer u prahu), prosijan

Polovice oraha za ukrašavanje

Pomiješajte sve sastojke za kolač dok se dobro ne sjedine. Podijelite u dva kalupa za kolače u mikrovalnoj pećnici (7 inča/19 cm) i pecite svaki na visokoj temperaturi 5 do 6 minuta. Izvadite iz mikrovalne i ostavite da se ohladi.

Sastojke za glazuru pomiješajte i začinite šećerom u prahu. Kada se ohlade, polovicom glazure premažite kolačiće, a ostatak rasporedite po vrhu. Ukrasiti polovicama oraha.

Božićni kolač u mikrovalnoj pećnici

Za tortu od 23 cm/9 inča

150g/2/3 šalice maslaca ili margarina, omekšalog

150 g/2/3 šalice blagog smeđeg šećera

3 jaja

30 ml/2 žlice crne melase (sirup)

8 oz/225 g/2 šalice samodižućeg brašna

10 ml/2 žličice mljevene mješavine začina (pita od jabuka)

2,5 ml/½ žličice naribanog muškatnog oraščića

2,5 ml/½ žličice praška za pecivo (natrij bikarbonat)

1 lb/450 g/22/3 šalice miješanog sušenog voća (mješavina za voćni kolač)

50 g/¼ šalice kandiranih višanja (ušećerenih)

1/3 šalice/2 oz/50 g nasjeckane miješane kore

50 g/½ šalice nasjeckanih miješanih orašastih plodova

30 ml/2 žlice konjaka

Dodatna rakija za zrenje kolača (po želji)

Miksajte maslac ili margarin i šećer dok ne dobijete laganu, pahuljastu smjesu. Postupno dodavati jaja i melasu, zatim dodati brašno, začine i prašak za pecivo. Lagano umiješajte voće, pomiješane kore i orašaste plodove pa dodajte konjak. Ulijte u mikrovalnu posudu od 23 cm/9" i stavite u mikrovalnu pećnicu na niskoj razini 45-60 minuta. Ostavite da se ohladi u limu 15 minuta prije nego što ga okrenete na rešetku da se ohladi.

Nakon što se kolač ohladi, zamotajte ga u foliju i ostavite na hladnom i tamnom mjestu 2 tjedna. Po želji vrh torte nekoliko puta probosti tankim štapićem i poprskati s još malo rakije, pa tortu ponovno zamotati i spremiti. To možete učiniti nekoliko puta kako biste dobili bogatiji kolač.

Kolač od mrvica u mikrovalnoj

Pravi tortu od 20 cm/8 inča

300 g/1¼ šalice šećera u prahu (superfinog)

8 oz/2 šalice/225 g glatkog brašna (višenamjenskog)

10 ml/2 žličice praška za pecivo

5 ml/1 žličica mljevenog cimeta

100g/4oz/½ šalice maslaca ili margarina, omekšalog

2 jaja, lagano tučena

100 ml/3½ tečne oz/6½ žlice mlijeka

Pomiješajte šećer, brašno, prašak za pecivo i cimet. Dodati maslac ili margarin, a četvrtinu smjese ostaviti. Pomiješajte jaja i mlijeko i umiješajte veći dio smjese za kolač. Smjesu izlijte u namašćenu i pobrašnjenu posudu od 20 cm za mikrovalnu pećnicu i pospite ostavljenom smjesom za streusel. Pecite u mikrovalnoj pećnici na visokoj temperaturi 10 minuta. Ostavite da se ohladi na tanjuru.

Trake datuma u mikrovalnoj pećnici

prije 12 godina

1 ¼ šalice/5 oz/150 g brašna koje se samo diže

6 oz/175 g/¾ šalice šećera u prahu (superfinog)

100 g/1 šalica osušenog kokosa (mljevenog)

100 g/4 oz/2/3 šalice datulja bez koštica, nasjeckanih

50 g/½ šalice nasjeckanih miješanih orašastih plodova

100g/4oz/½ šalice maslaca ili margarina, otopljenog

1 jaje, lagano tučeno

Šećer u prahu (glazura) za posipanje

Pomiješajte suhe sastojke. Dodajte maslac ili margarin i jaje i mijesite dok se ne dobije čvrsto tijesto. Pritisnite ga na dno kvadratnog tanjura od 8 inča/20 cm prikladnog za mikrovalnu pećnicu i pecite u mikrovalnoj pećnici na srednjoj snazi 8 minuta, dok se ne stegne. Ostavite u kalupu 10 minuta, zatim narežite na štanglice i prevrnite na rešetku da se ohlade.

Kruh od smokava u mikrovalnoj pećnici

Radi štrucu kruha od 675 g

100g/2 šalice mekinja

2 oz/50 g/¼ šalice blagog smeđeg šećera

45 ml/3 žlice svijetlog meda

100g/2/3 šalice nasjeckanih suhih smokava

50 g/½ šalice nasjeckanih lješnjaka

300 ml/½ pt/1¼ šalice mlijeka

4 oz/100 g/1 šalica integralnog pšeničnog brašna (cjelovitog pšeničnog)

10 ml/2 žličice praška za pecivo

Prstohvat soli

Miješajte sve sastojke dok se ne dobije čvrsto tijesto. Oblikujte kalup za kruh prikladan za mikrovalnu i poravnajte površinu. Kuhajte na jakoj vatri 7 minuta. Ostavite da se hladi u limu 10 minuta, zatim preokrenite na rešetku da se ohladi.

Palačinke u mikrovalnoj

prije 24 godine

¾ šalice/6 oz/175 g maslaca ili margarina, omekšalog

2 oz/50 g/¼ šalice šećera u prahu (superfinog)

2 oz/50 g/¼ šalice blagog smeđeg šećera

90 ml/6 žlica zlatnog sirupa (svijetli kukuruzni)

Prstohvat soli

275g/10oz/2½ šalice valjane zobi

Pomiješajte maslac ili margarin i šećer u većoj posudi i kuhajte na jakoj vatri 1 minutu. Dodajte preostale sastojke i dobro promiješajte. Ulijte smjesu u podmazanu posudu od 18 cm prikladnu za mikrovalnu pećnicu i lagano pritisnite. Kuhajte na jakoj vatri 5 minuta. Pustite da se malo ohladi, a zatim izrežite na kvadrate.

Voćni kolač u mikrovalnoj

Za jednu tortu od 18 cm/7 inča

¾ šalice/6 oz/175 g maslaca ili margarina, omekšalog

6 oz/175 g/¾ šalice šećera u prahu (superfinog)

ribana korica 1 limuna

3 razmućena jaja

8 oz/2 šalice/225 g glatkog brašna (višenamjenskog)

5 ml / 1 žličica. 1/2 žličice mljevene mješavine začina (pita od jabuka)

8 oz/11/3 šalice/225 g grožđica

225g/8oz/11/3 šalice grožđica (zlatne grožđice)

50 g/¼ šalice kandiranih višanja (ušećerenih)

50 g/½ šalice nasjeckanih miješanih orašastih plodova

15 ml/1 žlica zlatnog sirupa (svijetli kukuruz)

45 ml/3 žlice konjaka

Miksajte maslac ili margarin i šećer dok ne dobijete laganu, pahuljastu smjesu. Dodati limunovu koricu pa postupno dodavati jaja. Dodajte mješavinu brašna i začina te umiješajte preostale sastojke. Izlijte u podmazanu, obloženu okruglu posudu za mikrovalnu pećnicu (18 cm/7 inča) i stavite u mikrovalnu pećnicu na niskoj razini 35 minuta, dok čačkalica zabodena u sredinu ne izađe čista. Ostavite da se hladi u limu 10 minuta, zatim preokrenite na rešetku da se ohladi.

Kokosovo voće u mikrovalnoj pećnici

prije 8 godina

2 oz/50 g/¼ šalice maslaca ili margarina

9 kolačića za probavu (Graham krekeri), zdrobljenih

2 oz/50 g/½ šalice sušenog kokosa (zdrobljenog)

100 g/2/3 šalice nasjeckane miješane (ušećerene) kore

50 g/2 oz/1/3 šalice datulja bez koštica, nasjeckanih

15 ml/1 žlica glatkog (višenamjenskog) brašna

1 oz/25 g/2 žlice kandiranih višanja, nasjeckanih

100g/1 šalica nasjeckanih oraha

150 ml/¼ pt/2/3 šalice kondenziranog mlijeka

Otopite maslac ili margarin u četvrtastoj posudi prikladnoj za mikrovalnu pećnicu (8 inča/20 cm) na visokoj vatri 40 sekundi. Dodajte mrvice keksa i ravnomjerno rasporedite po dnu posude. Pospite kokosom, pa pospite mješovitom kožom. Hurme pomiješajte s brašnom, višnjama i orasima i pospite preko njih, pa prelijte mlijekom. Pecite u mikrovalnoj pećnici na visokoj temperaturi 8 minuta. Ostavite da se ohladi na limu za pečenje, a zatim izrežite na kvadrate.

Torta za pečenje u mikrovalnoj pećnici

Pravi tortu od 20 cm/8 inča

1¼ šalice/5 oz/150 g glatkog brašna (višenamjenskog)

5 ml/1 žličica praška za pecivo

Prstohvat sode bikarbone (soda bikarbona)

Prstohvat soli

300 g/1¼ šalice šećera u prahu (superfinog)

2 oz/50 g/¼ šalice maslaca ili margarina, omekšalog

250 ml/8 oz/1 šalica mlijeka

Nekoliko kapi esencije vanilije (ekstrakt)

1 jaje

100 g/1 šalica tamne čokolade (poluslatke), nasjeckane

50g/2oz/½ šalice sjeckanih miješanih orašastih plodova

Glazura od čokoladnog maslaca

Pomiješajte brašno, prašak za pecivo, sodu bikarbonu i sol. Dodajte šećer, zatim dodajte maslac ili margarin, mlijeko i aromu vanilije dok smjesa ne bude glatka. Umutiti jaje. Zagrijte tri četvrtine čokolade u mikrovalnoj pećnici na visokoj temperaturi 2 minute dok se ne otopi, zatim umiješajte u smjesu za kolač dok ne postane kremasta. Dodajte orahe. Ulijte smjesu u dvije podmazane i pobrašnjene posude za mikrovalnu pećnicu veličine 8/8 cm i zasebno zagrijavajte 8 minuta. Izvadite iz pećnice, pokrijte folijom i ostavite da se hladi 10 minuta, zatim okrenite na rešetku da se ohladi. Prelijte polovicom glazure od puterkreme (glazura), a zatim po vrhu rasporedite preostalu glazuru i ukrasite čokoladom koju ste sačuvali.

Medenjaci za mikrovalnu

Pravi tortu od 20 cm/8 inča

2 oz/50 g/¼ šalice maslaca ili margarina

3 oz/75 g/¼ šalice crne melase (melase)

15 ml/1 žlica šećera u prahu (superfinog)

1 šalica/4 oz/100 g glatkog brašna (višenamjenskog)

5 ml/1 žličica mljevenog đumbira

2,5 ml/½ žličice mljevene mješavine začina (kolač od jabuka)

2,5 ml/½ žličice praška za pecivo (natrij bikarbonat)

1 razmućeno jaje

Stavite maslac ili margarin u zdjelu i stavite u mikrovalnu na 30 sekundi. Dodajte melasu i šećer i stavite u mikrovalnu na najjaču 1 minutu. Dodajte brašno, začine i prašak za pecivo. Umutiti jaje. Ulijte smjesu u podmazanu posudu od 1,5 litara/2½ pinte/6 šalica i stavite u mikrovalnu 4 minute. Ostavite da se ohladi na limu za pečenje 5 minuta, a zatim ga okrenite na rešetku da se ohladi.

Pločice đumbira u mikrovalnoj pećnici

prije 12 godina

Za tortu:
150g/2/3 šalice maslaca ili margarina, omekšalog

2 oz/50 g/¼ šalice šećera u prahu (superfinog)

1 šalica/4 oz/100 g glatkog brašna (višenamjenskog)

2,5 ml/½ žličice praška za pecivo

5 ml/1 žličica mljevenog đumbira

Za naslovnicu:
½ oz/15 g/1 žlica maslaca ili margarina

15 ml/1 žlica zlatnog sirupa (svijetli kukuruz)

Nekoliko kapi esencije vanilije (ekstrakt)

5 ml/1 žličica mljevenog đumbira

50g/2oz/1/3 šalice šećera u prahu (glazura)

Za tortu kremasto miješajte maslac ili margarin i šećer dok ne dobijete pjenastu smjesu. Dodajte brašno, prašak za pecivo i đumbir i miješajte dok ne postane glatko. Pritisnite na četvrtasti tanjur od 20 cm za mikrovalnu pećnicu i pecite u mikrovalnoj pećnici na srednjoj snazi 6 minuta dok se ne stegne.

Za fil otopiti puter ili margarin i sirup. Dodajte aromu vanilije, đumbir i šećer u prahu i mutite dok se ne zgusne. Ravnomjerno rasporedite po vrućem kolaču. Ostavite da se ohladi na limu za pečenje, a zatim narežite na štanglice ili kvadrate.

Zlatni kolač u mikrovalnoj

Pravi tortu od 20 cm/8 inča

Za tortu:

100g/4oz/½ šalice maslaca ili margarina, omekšalog

100 g/4 oz/½ šalice šećera u prahu (superfinog)

2 jaja, lagano tučena

Nekoliko kapi esencije vanilije (ekstrakt)

8 oz/2 šalice/225 g glatkog brašna (višenamjenskog)

10 ml/2 žličice praška za pecivo

Prstohvat soli

60 ml/4 žlice mlijeka

Za glazuru (glazuru):

2 oz/50 g/¼ šalice maslaca ili margarina, omekšalog

100g/2/3 šalice šećera u prahu

Nekoliko kapi esencije vanilije (ekstrakt) (po želji)

Za tortu kremasto miješajte maslac ili margarin i šećer dok ne dobijete pjenastu smjesu. Postupno umiješajte jaja pa dodajte brašno, prašak za pecivo i sol. Dodajte dovoljno mlijeka da dobijete glatku, tekuću konzistenciju. Podijelite na dva namazana i pobrašnjena tanjura za mikrovalnu pećnicu od 8/20 cm i pecite svaki kolač zasebno na jakoj vatri 6 minuta. Izvadite iz pećnice, pokrijte folijom i ostavite da se hladi 5 minuta, zatim okrenite na rešetku da se ohladi.

Kako biste napravili glazuru, miksajte maslac ili margarin dok ne postane glatko, a zatim dodajte šećer u prahu i aromu vanilije po želji. Ravnomjerno premažite kolače s polovicom glazure, a zatim rasporedite ostatak po vrhu.

Medeni kolač od lješnjaka u mikrovalnoj pećnici

Za jednu tortu od 18 cm/7 inča

150g/2/3 šalice maslaca ili margarina, omekšalog

100g/4oz/½ šalice blagog smeđeg šećera

45 ml/3 žlice svijetlog meda

3 razmućena jaja

8 oz/225 g/2 šalice samodižućeg brašna

100g/1 šalica mljevenih lješnjaka

45 ml/3 žlice mlijeka

Glazura od maslaca

Umutiti maslac ili margarin, šećer i med dok ne postane pjenasto. Postupno dodajte jaja, zatim dodajte brašno i orahe te dovoljno mlijeka da dobijete glatku smjesu. Ulijte u zdjelu promjera 18 cm pogodnu za mikrovalnu pećnicu i kuhajte na srednjoj vatri 7 minuta. Ostavite da se hladi u limu 5 minuta, a zatim preokrenite na rešetku da se ohladi. Prerežite tortu vodoravno na pola i zatim oblikujte sendvič s glazurom od putera.

Meke granola pločice za mikrovalnu pećnicu

Prije otprilike 10 godina

100 g putera ili margarina

175g/6oz/½ šalice svijetlog meda

1/3 šalice/2 oz/50 g gotovih suhih marelica, nasjeckanih

50 g/2 oz/1/3 šalice datulja bez koštica, nasjeckanih

75 g/¾ šalice nasjeckanih miješanih orašastih plodova

100g/1 šalica zobenih pahuljica

100g/4oz/½ šalice blagog smeđeg šećera

1 razmućeno jaje

1 oz/25 g/2 žlice brašna koje se samo diže

U posudu stavite maslac ili margarin i med i kuhajte na jakoj vatri 2 minute. Pomiješajte sve preostale sastojke. Ulijte u zdjelu promjera 8 inča/20 cm pogodnu za mikrovalnu pećnicu i stavite u mikrovalnu pećnicu 8 minuta. Ostavite da se malo ohladi, a zatim narežite na kvadrate ili ploške.

Pita od pekan oraha u mikrovalnoj pećnici

Pravi tortu od 20 cm/8 inča

1¼ šalice/5 oz/150 g glatkog brašna (višenamjenskog)

Prstohvat soli

5 ml/1 žličica mljevenog cimeta

3 oz/75 g/1/3 šalice blagog smeđeg šećera

3 oz/75 g/1/3 šalice šećera u prahu (superfinog)

75 ml/5 žlica ulja

¼ šalice/1 oz/25 g nasjeckanih oraha

5 ml/1 žličica praška za pecivo

2,5 ml/½ žličice praška za pecivo (natrij bikarbonat)

1 jaje

150 ml/¼ pt/2/3 šalice kiselog mlijeka

Pomiješajte brašno, sol i pola cimeta. Dodajte šećer i zatim umiješajte ulje dok se dobro ne sjedini. Izvadite 6 žlica/90 ml smjese i pomiješajte s preostalim orasima i cimetom. U veći dio smjese dodajte prašak za pecivo, sodu bikarbonu, jaje i mlijeko te miješajte dok ne postane glatka. Ulijte glavnu smjesu u namaščenu i pobrašnjenu posudu za pečenje (20 cm/8 inča) i po vrhu pospite smjesu orašastih plodova. Pecite u mikrovalnoj pećnici na visokoj temperaturi 8 minuta. Ostavite da se ohladi u tavi 10 minuta i poslužite toplo.

Kolač od soka od naranče u mikrovalnoj pećnici

Pravi tortu od 20 cm/8 inča

2¼ šalice/9 oz/250 g glatkog brašna (višenamjensko brašno)

8 oz/225 g/1 šalica granuliranog šećera

15 ml/1 žlica praška za pecivo

2,5 ml/½ žličice soli

60 ml/4 žlice ulja

250 ml/8oz/2 šalice soka od naranče

2 jaja, odvojena

100 g/4 oz/½ šalice šećera u prahu (superfinog)

Glazura od narančinog maslaca

Narančasta glazura

Pomiješajte brašno, kristalni šećer, prašak za pecivo, sol, ulje i pola soka od naranče i dobro promiješajte. Miksajte žumanjak i preostali sok od naranče dok smjesa ne postane svijetla i glatka. Bjelanjke istucite u čvrsti snijeg, zatim dodajte pola šećera u prahu i tucite dok ne postane čvrst i sjajan. Dodajte preostali šećer, a zatim umiješajte snijeg od bjelanjaka u smjesu za kolače. Poslužite na dva podmazana i pobrašnjena tanjura od 8/8 inča prikladna za mikrovalnu pećnicu i svaki zagrijavajte na visokoj vatri 6 do 8 minuta. Izvadite iz pećnice, pokrijte folijom i ostavite da se hladi 5 minuta, zatim okrenite na rešetku da se ohladi.

Pavlova iz mikrovalne

Za tortu od 23 cm/9 inča

4 bjelanjka

8 oz/225 g/1 šalica šećera u prahu (superfinog)

2,5 ml/½ žličice esencije vanilije (ekstrakt)

Nekoliko kapi vinskog octa

150 ml/¼ pt/2/3 šalice vrhnja za šlag

1 kivi, narezan

100 g jagoda, narezanih na ploške

Istucite bjelanjke dok se ne stvore mekani snijeg. Po vrhu pospite pola šećera i dobro promiješajte. Postupno dodajte preostali šećer, aromu vanilije i ocat te miješajte dok se sve ne otopi. Izlijte smjesu u krug 9/23 cm na papiru za pečenje. Pecite u mikrovalnoj pećnici na visokoj razini 2 minute. Ostavite u mikrovalnoj pećnici 10 minuta s otvorenim vratima. Izvadite iz pećnice, skinite zaštitni papir i ostavite da se ohladi. Istucite čvrsti šlag i premažite preko meringa. Po vrhu lijepo rasporedite voće.

Kolač iz mikrovalne

Pravi tortu od 20 cm/8 inča

8 oz/2 šalice/225 g glatkog brašna (višenamjenskog)

15 ml/1 žlica praška za pecivo

2 oz/50 g/¼ šalice šećera u prahu (superfinog)

100 g putera ili margarina

75 ml/5 žlica tekućeg vrhnja (svijetlog)

1 jaje

Pomiješajte brašno, prašak za pecivo i šećer, pa umiješajte maslac ili margarin dok smjesa ne bude poput krušnih mrvica. Pomiješajte vrhnje i jaje, a zatim umiješajte smjesu brašna dok ne postane glatka. Utisnite u podmazanu posudu od 8 inča prikladnu za mikrovalnu pećnicu i pecite u mikrovalnoj pećnici na visokoj temperaturi 6 minuta. Pustite da odstoji 4 minute pa izvadite iz kalupa i ostavite da se ohladi na rešetki.

Kolač od jagoda u mikrovalnoj pećnici

Pravi tortu od 20 cm/8 inča

900 g jagoda narezati na deblje ploške

8 oz/225 g/1 šalica šećera u prahu (superfinog)

8 oz/2 šalice/225 g glatkog brašna (višenamjenskog)

15 ml/1 žlica praška za pecivo

175 g/¾ šalice maslaca ili margarina

75 ml/5 žlica tekućeg vrhnja (svijetlog)

1 jaje

150 ml/¼ pt/2/3 šalice dvostrukog vrhnja (jakog), tučenog

Pomiješajte jagode sa 175g/6oz/¾ šalice šećera i zatim ih stavite u hladnjak na najmanje 1 sat.

Pomiješajte brašno, prašak za pecivo i preostali šećer pa utrljajte 100 g maslaca ili margarina dok smjesa ne bude poput krušnih mrvica. Pomiješajte vrhnje i jaje, zatim umiješajte smjesu brašna dok ne dobijete glatko tijesto. Utisnite u podmazanu posudu od 8 inča prikladnu za mikrovalnu pećnicu i pecite u mikrovalnoj pećnici na visokoj temperaturi 6 minuta. Pustiti da odstoji 4 minute pa izvaditi iz kalupa i još vruće podijeliti sredinu. Ostaviti da se ohladi.

Obje izrezane površine namažite preostalim maslacem ili margarinom. Na podlogu premažite trećinu šlaga, a na vrh tri četvrtine jagoda. Prekrijte još trećinom kreme i stavite drugu tortu na vrh. Ukrasite preostalim vrhnjem i jagodama.

Kolač iz mikrovalne

Za jednu tortu od 18 cm/7 inča

1 ¼ šalice/5 oz/150 g brašna koje se samo diže

100 g putera ili margarina

100 g/4 oz/½ šalice šećera u prahu (superfinog)

2 jaja

30ml/2 žlice mlijeka

Pomiješajte sve sastojke dok ne postanu glatki. Stavite žlicom na mikrovalnu ploču promjera 7/18 cm i pecite u mikrovalnoj pećnici na srednjoj snazi 6 minuta. Ostavite da se hladi u limu 5 minuta, a zatim preokrenite na rešetku da se ohladi.

Sultana mikrovalne pločice

prije 12 godina

175 g/¾ šalice maslaca ili margarina

100 g/4 oz/½ šalice šećera u prahu (superfinog)

15 ml/1 žlica zlatnog sirupa (svijetli kukuruz)

3 oz/75 g/½ šalice grožđica (zlatne grožđice)

5 ml/1 žličica naribane kore limuna

8 oz/225 g/2 šalice samodižućeg brašna

      Za glazuru (glazuru):
175g/6oz/1 šalica šećera u prahu (glazura)

30 ml/2 žlice soka od limuna

Zagrijte maslac ili margarin, šećer u prahu i sirup u mikrovalnoj pećnici na srednjoj jačini 2 minute. Dodajte grožđice i koricu limuna. Dodajte brašno. Izlijte u podmazanu i obloženu četvrtastu posudu prikladnu za mikrovalnu pećnicu (20 cm/8 inča) i pecite u mikrovalnoj pećnici na srednjoj snazi 8 minuta dok se ne stegne. Pustiti da se malo ohladi.

Šećer u prahu stavite u posudu i napravite udubinu u sredini. Postupno dodajte limunov sok dok ne dobijete glatku glazuru. Premažite preko još vrućeg kolača i ostavite da se potpuno ohladi.

Kolačići s komadićima čokolade u mikrovalnoj pećnici

prije 24 godine

8 oz/225 g/1 šalica maslaca ili margarina, omekšalog

100g/4oz/½ šalice tamno smeđeg šećera

5 ml/1 žličica esencije vanilije (ekstrakt)

8 oz/225 g/2 šalice samodižućeg brašna

50g/2oz/½ šalice čokolade za piće u prahu

Istucite maslac, šećer i aromu vanilije dok ne postane pjenasto. Postupno dodavati brašno i čokoladu i miksati dok smjesa ne postane glatka. Razvaljajte kuglice veličine oraha, stavite ih šest na podmazan lim za pečenje u mikrovalnoj pećnici i malo spljoštite vilicom. Pecite svaki dio u mikrovalnoj pećnici na visokoj temperaturi 2 minute dok se svi kolačići ne ispeku. Ostavite da se ohladi na rešetki.

Kolačići s kokosom u mikrovalnoj pećnici

prije 24 godine

2 oz/50 g/¼ šalice maslaca ili margarina, omekšalog

3 oz/75 g/1/3 šalice šećera u prahu (superfinog)

1 jaje, lagano tučeno

2,5 ml/½ žličice esencije vanilije (ekstrakt)

¾ šalice/3 oz/75 g glatkog brašna (višenamjenskog)

¼ šalice/1 oz/25 g nasjeckanog kokosa (zdrobljenog)

Prstohvat soli

30 ml/2 žlice džema od jagoda (iz limenke)

Miksajte maslac ili margarin i šećer dok ne dobijete laganu, pahuljastu smjesu. Dodajte jaje i aromu vanilije naizmjenično s brašnom, kokosom i soli i miješajte dok smjesa ne postane glatka. Razvaljajte kuglice veličine oraha i stavite po šest na podmazan lim za pečenje u mikrovalnoj pećnici, pa lagano pritisnite vilicom da se malo spljošte. Pecite u mikrovalnoj pećnici na visokoj temperaturi 3 minute dok se ne stegne. Prebacite na rešetku i stavite žlicu pekmeza u sredinu svakog kolačića. Ponovite postupak s preostalim kolačićima.

Mikrovalna firentinska

prije 12 godina

2 oz/50 g/¼ šalice maslaca ili margarina

2 oz/50 g/¼ šalice demerara šećera

15 ml/1 žlica zlatnog sirupa (svijetli kukuruz)

50 g/¼ šalice kandiranih višanja (ušećerenih)

75 g/¾ šalice nasjeckanih oraha

1 oz/25 g/3 žlice grožđica (zlatne grožđice)

¼ šalice/1 oz/25 g badema u listićima (narezanih)

30 ml/2 žlice nasjeckane miješane kore (kandirane)

¼ šalice/1 oz/25 g glatkog (višenamjenskog) brašna

100 g/1 šalica tamne čokolade (poluslatke), nasjeckane (po želji)

Zagrijte maslac ili margarin, šećer i sirup u mikrovalnoj pećnici 1 minutu dok se ne otope. Dodajte višnje, orahe, grožđice i bademe, pa umiješajte pomiješane korice i brašno. Stavite žličice smjese, dobro razmaknute, na papir za pečenje (voštani papir) i kuhajte četiri po četiri na jakoj vatri 1,5 minutu svaku. Zagladite rubove nožem, ostavite da se ohlade na papiru 3 minute, zatim prebacite na rešetku da se ohladi. Ponovite postupak s preostalim kolačićima. Po želji otopite čokoladu u posudi 30 sekundi, premažite jednu stranu Florentineca i ostavite da se stegne.

Kolačići s višnjama i lješnjacima u mikrovalnoj pećnici

prije 24 godine

100g/4oz/½ šalice maslaca ili margarina, omekšalog

100 g/4 oz/½ šalice šećera u prahu (superfinog)

1 razmućeno jaje

1½ šalice/6 oz/175 g glatkog brašna (višenamjenskog)

2 oz/50 g/½ šalice mljevenih lješnjaka

4 oz/100 g/½ šalice kandiranih višanja (ušećerenih)

Miksajte maslac ili margarin i šećer dok ne dobijete laganu, pahuljastu smjesu. Postupno umiješajte jaje pa dodajte brašno, lješnjake i višnje. Stavite kekse ravnomjerno raspoređene na lim za pečenje (keksiće) i mikrovalnu pećnicu, osam po osam, na visokoj temperaturi dok se ne stegne, oko 2 minute.

Kolačići sultana u mikrovalnoj

prije 24 godine

8 oz/2 šalice/225 g glatkog brašna (višenamjenskog)

5 ml / 1 žličica. 1/2 žličice mljevene mješavine začina (pita od jabuka)

¾ šalice/6 oz/175 g maslaca ili margarina, omekšalog

100g/4oz/2/3 šalice grožđica (zlatne grožđice)

¾ šalice/6 oz/175 g demerara šećera

Pomiješajte brašno i pomiješane začine, zatim dodajte maslac ili margarin, grožđice i 100g/4oz/½ šalice šećera dok ne nastane glatka smjesa. Razvaljajte u dvije kobasice dužine oko 18 cm i u njih dodajte preostali šećer. Narežite ih i stavite, po šest, na podmazan lim za pečenje u mikrovalnoj pećnici i stavite u mikrovalnu dvije minute. Ohladite na rešetki i ponovite s preostalim kolačićima.

Kruh od banane u mikrovalnoj

Radi štrucu kruha od 450 g

3 oz/75 g/1/3 šalice maslaca ili margarina, omekšalog

6 oz/175 g/¾ šalice šećera u prahu (superfinog)

2 jaja, lagano tučena

1¾ šalice/7 oz/200 g glatkog brašna (višenamjenskog)

10 ml/2 žličice praška za pecivo

2,5 ml/½ žličice praška za pecivo (natrij bikarbonat)

Prstohvat soli

2 zrele banane

15 ml/1 žlica soka od limuna

60 ml/4 žlice mlijeka

50 g/½ šalice nasjeckanih oraha

Miksajte maslac ili margarin i šećer dok ne dobijete laganu, pahuljastu smjesu. Postupno dodajte jaja, zatim dodajte brašno, prašak za pecivo, sodu bikarbonu i sol. Banane zgnječite s limunovim sokom pa ih dodajte u smjesu s mlijekom i orasima. Stavite u podmazan i pobrašnjen lim za mikrovalnu pećnicu od 450 g i pecite u mikrovalnoj pećnici na visokoj temperaturi 12 minuta. Izvadite iz pećnice, pokrijte folijom i ostavite da se hladi 10 minuta, zatim okrenite na rešetku da se ohladi.

Kruh sa sirom u mikrovalnoj pećnici

Radi štrucu kruha od 450 g

2 oz/50 g/¼ šalice maslaca ili margarina

250 ml/8 oz/1 šalica mlijeka

2 jaja, lagano tučena

8 oz/2 šalice/225 g glatkog brašna (višenamjenskog)

10 ml/2 žličice praška za pecivo

10 ml/2 žličice senfa u prahu

2,5 ml/½ žličice soli

6 oz/175 g/1½ šalice Cheddar sira, naribanog

Otopite maslac ili margarin u maloj posudi na jakoj vatri 1 minutu. Dodajte mlijeko i jaja. Pomiješajte brašno, prašak za pecivo, senf, sol i 1 šalicu sira. Dodajte smjesu mlijeka dok se dobro ne izmiješa. Izlijte u posudu za pečenje (tepsiju) prikladnu za mikrovalnu pećnicu i pecite u mikrovalnoj pećnici na visokoj temperaturi 9 minuta. Pospite preostalim sirom, pokrijte folijom i ostavite 20 minuta.

Kruh s orašastim plodovima u mikrovalnoj pećnici

Radi štrucu kruha od 450 g

8 oz/2 šalice/225 g glatkog brašna (višenamjenskog)

300 g/1¼ šalice šećera u prahu (superfinog)

5 ml/1 žličica praška za pecivo

Prstohvat soli

100g/4oz/½ šalice maslaca ili margarina, omekšalog

150 ml/¼ pt/2/3 šalice mlijeka

2,5 ml/½ žličice esencije vanilije (ekstrakt)

4 bjelanjka

50 g/½ šalice nasjeckanih oraha

Pomiješajte brašno, šećer, prašak za pecivo i sol. Dodajte maslac ili margarin, zatim mlijeko i aromu vanilije. Istucite bjelanjak dok ne postane kremast pa umiješajte orahe. Stavite u podmazan i pobrašnjen lim za mikrovalnu pećnicu od 450 g i pecite u mikrovalnoj pećnici na visokoj temperaturi 12 minuta. Izvadite iz pećnice, pokrijte folijom i ostavite da se hladi 10 minuta, zatim okrenite na rešetku da se ohladi.

Amaretti torta bez pećnice

Pravi tortu od 20 cm/8 inča

100 g putera ili margarina

1½ šalice/6 oz/175 g tamne čokolade (poluslatke)

3 oz/75 g amaretti keksa (keksa), grubo zdrobljenih

1½ šalice/6 oz/175 g nasjeckanih oraha

50g/2oz/½ šalice pinjola

3 oz/75 g/1/3 šalice kandiranih višanja, nasjeckanih

30 ml/2 žlice Grand Marniera

8 oz/225 g/1 šalica mascarpone sira

Otopite maslac ili margarin i čokoladu u zdjeli otpornoj na toplinu iznad posude s ključalom vodom. Maknite s vatre i dodajte kekse, orahe i višnje. Izliti u pleh za sendviče obložen prozirnom folijom i lagano pritisnuti. Ostavite u hladnjaku 1 sat dok se ne stegne. Stavite na tanjur za posluživanje i uklonite prozirnu foliju. Grand Marnier pomiješajte s mascarponeom i prelijte preko temeljca.

Hrskave američke rižine pločice

Čini oko 24 bara.

2 oz/50 g/¼ šalice maslaca ili margarina

8 oz/225 g bijelog sljeza

5 ml/1 žličica esencije vanilije (ekstrakt)

5 oz/150 g/5 šalica napuhane riže

Otopite maslac ili margarin u velikoj tavi na laganoj vatri. Dodajte marshmallows i kuhajte uz stalno miješanje dok se marshmallows ne otopi i smjesa ne postane sirupasta. Maknite s vatre i dodajte esenciju vanilije. Umiješajte rižine pahuljice dok se ne ujednače. Utisnite u kvadratni oblik promjera 9 inča/23 cm i izrežite na ploške. Dopustite sebi odmor.

Kvadrati marelica

prije 12 godina

2 oz/50 g/¼ šalice maslaca ili margarina

6 oz/175 g/1 mala limenka kondenziranog mlijeka

15 ml/1 žlica svijetlog meda

45 ml/3 žlice soka od jabuke

2 oz/50 g/¼ šalice blagog smeđeg šećera

50g/2oz/1/3 šalice grožđica (zlatne grožđice)

8 oz/11/3 šalice/225 g gotovih suhih marelica, nasjeckanih

100 g/1 šalica osušenog kokosa (mljevenog)

225g/8oz/2 šalice zobenih pahuljica

Maslac ili margarin otopiti sa mlijekom, medom, sokom od jabuke i šećerom. Pomiješajte s preostalim sastojcima. Utisnite u podmazanu tepsiju od 25 cm i ohladite prije rezanja na kvadrate.

Švicarska torta od marelice

Za tortu od 23 cm/9 inča

400 g / 1 velika limenka polovica marelica, ocijeđenih i ocijeđenih

2 oz/50 g/½ šalice praška za puding

¼ šalice/3 oz/75 g želea od marelice (prozirna limenka)

3 oz/75 g/½ šalice gotovih suhih marelica, nasjeckanih

14 oz/400 g/1 velika limenka kondenziranog mlijeka

8 oz/225 g/1 šalica svježeg sira

45 ml/3 žlice soka od limuna

1 švicarska rolada, narezana na ploške

Pripremite sok od marelice s vodom da dobijete 500 ml/17 tečnih oz/2¼ šalice. Prašak za puding od vanilije pomiješajte s malo tekućine da dobijete pastu, a ostatak zakuhajte. Dodati puding od vanilije i žele od marelice i kuhati uz stalno miješanje dok se ne zgusne i ne zakuha. Izmrvite marelice iz konzerve i dodajte ih u smjesu sa suhim marelicama. Ostavite da se ohladi uz povremeno miješanje.

Kondenzirano mlijeko, svježi sir i limunov sok dobro izmiješajte pa umiješajte u smjesu sa želatinom. Kalup za tortu od 9 inča/23 cm obložite prozirnom folijom (plastičnom folijom) i stavite diskove za roladu želea na dno i stranice kalupa. Ulijte smjesu za kolače i ostavite u hladnjaku dok ne postane čvrsta. Prilikom posluživanja pažljivo izvaditi iz kalupa.

Izlomljeni kolačići

prije 12 godina

100 g putera ili margarina

30 ml/2 žlice šećera u prahu (superfinog)

15 ml/1 žlica zlatnog sirupa (svijetli kukuruz)

30 ml/2 žlice kakaa u prahu (nezaslađena čokolada)

8 oz/225 g/2 šalice izlomljenih mrvica kolačića

50g/2oz/1/3 šalice grožđica (zlatne grožđice)

Otopiti maslac ili margarin sa šećerom i sirupom, ali ne pustiti da prokuha. Dodajte kakao, kekse i grožđice. Utisnite u podmazanu posudu za pečenje 10/25 cm (lim), ostavite da se ohladi i zatim u hladnjaku dok se ne stegne. Izrežite na kvadrate.

Nema pečenja kolača s mlaćenicom

Za tortu od 23 cm/9 inča

30 ml/2 žlice praška za puding

100 g/4 oz/½ šalice šećera u prahu (superfinog)

450 ml/¾ pt/2 šalice mlijeka

175 ml/6 tečnih oz/¾ šalice mlaćenice

1 oz/25 g/2 žlice maslaca ili margarina

400g/12oz kolačića, zdrobljenih

120 ml/4 fl oz/½ šalice vrhnja za šlag

Slastičarsko vrhnje i šećer pomiješajte s malo mlijeka da dobijete pastu. Preostalo mlijeko zakuhajte. Umiješajte u tijesto, zatim sve vratite u tavu i miješajte na laganoj vatri dok se tijesto ne zgusne, oko 5 minuta. Dodajte mlaćenicu i maslac ili margarin. Stavite zdrobljene kolačiće i smjesu kreme na tanjur za torte od 9 inča ili stakleni tanjur obložen plastičnom folijom. Lagano pritisnite i stavite u hladnjak da se stegne. Istucite vrhnje u čvrsti šlag, a zatim nanesite ružice od kreme na tortu. Izvadite s tanjura ili pažljivo podignite za posluživanje.

Kriška kestena

Pravi štrucu od 900 g/2 lb

8 oz/225 g/2 šalice tamne čokolade (poluslatke)

100g/4oz/½ šalice maslaca ili margarina, omekšalog

100 g/4 oz/½ šalice šećera u prahu (superfinog)

1 lb/450 g/1 velika limenka nezaslađenog kesten pirea

1 oz/¼ šalice/25 g rižinog brašna

Nekoliko kapi esencije vanilije (ekstrakt)

150 ml/¼ pt/2/3 šalice jakog vrhnja za šlag, tučeno

Naribana čokolada za ukrašavanje

Otopite tamnu čokoladu u zdjeli otpornoj na toplinu iznad posude s ključalom vodom. Miksajte maslac ili margarin i šećer dok ne dobijete laganu, pahuljastu smjesu. Dodajte kesten pire, čokoladu, rižino brašno i aromu vanilije. Izliti u podmazan kalup od 900g obložen papirom za pečenje i ostaviti u frižideru da se stegne. Prije posluživanja ukrasite šlagom i naribanom čokoladom.

Kolač od kestena

Pravi kolač od 900 g

Za tortu:
400g/14oz/1 velika limenka zaslađenog kesten pirea

100g/4oz/½ šalice maslaca ili margarina, omekšalog

1 jaje

Nekoliko kapi esencije vanilije (ekstrakt)

30 ml/2 žlice konjaka

24 biskvita (kolačića)

Za glazuru:

30 ml/2 žlice kakaa u prahu (nezaslađena čokolada)

15 ml/1 žlica šećera u prahu (superfinog)

30 ml/2 žlice vode

Za puter kremu:
100g/4oz/½ šalice maslaca ili margarina, omekšalog

4 oz/100 g/2/3 šalice šećera u prahu (šećera u prahu), prosijanog

15 ml/1 žlica esencije kave (ekstrakta)

Za kolač pomiješajte kesten pire, maslac ili margarin, jaje, aromu vanilije i 15 ml/1 žlica rakije i miješajte dok ne postane glatko. Namastite i obložite kalup za kruh od 900 g i obložite dno i stranice prstima za kolače. Preostalim konjakom pospite kolačiće i ulijte smjesu od kestena u sredinu. Neka se ohladi dok ne postane čvrsta.

Izvaditi iz kalupa i skinuti zaštitni papir. Otopite sastojke za glazuru u zdjeli otpornoj na toplinu postavljenoj iznad lonca s kipućom vodom i miješajte dok ne postane glatka. Ostavite da se malo ohladi, a zatim rasporedite veći dio glazure po kolaču.

Miksajte sastojke za kremu od maslaca dok ne postanu glatki, a zatim ih vrtite oko ruba torte. Na kraju prelijte ostatkom glazure.

Pločice čokolade i badema

prije 12 godina

1½ šalice/6 oz/175 g tamne čokolade (poluslatke), nasjeckane

3 jaja, odvojena

120 ml/4oz/½ šalice mlijeka

10 ml/2 žličice želatine u prahu

120 ml/4 fl oz/½ šalice dvostrukog vrhnja (jakog)

45 ml/3 žlice šećera u prahu (superfinog)

60 ml/4 žlice listića badema (narezanih), pečenih

Otopite čokoladu u zdjeli otpornoj na toplinu iznad posude s ključalom vodom. Maknite s vatre i umiješajte žumanjke. Zakuhajte mlijeko u posebnoj posudi i zatim umiješajte želatinu. Umiješajte čokoladnu smjesu pa dodajte vrhnje. Bjelanjke istucite u čvrsti snijeg pa dodajte šećer i ponovno istucite čvrsti snijeg. Dodati smjesi. Izlijte u podmazan i obložen kalup za kruh od 450g/1lb, pospite prženim bademima i ostavite da se ohladi, a zatim u hladnjaku dok se ne stegne, najmanje 3 sata. Za posluživanje okrenite i narežite na deblje kriške.

Prhki čokoladni kolač

Radi štrucu kruha od 450 g

150g/2/3 šalice maslaca ili margarina

30 ml/2 žlice zlatnog sirupa (svijetli kukuruzni)

1½ šalice/6 oz/175 g Digestive kreker mrvica (Graham krekeri)

2 oz/50 g/2 šalice napuhane riže

1 oz/25 g/3 žlice grožđica (zlatne grožđice)

1 oz/25 g/2 žlice kandiranih višanja, nasjeckanih

8 oz/2 šalice/225 g komadića čokolade

30 ml/2 žlice vode

175 g/1 šalica šećera u prahu, prosijanog

Otopite 100g maslaca ili margarina sa sirupom, maknite s vatre i dodajte biskvitne mrvice, muesli, grožđice, višnje i tri četvrtine komadića čokolade. Izlijte u podmazan i obložen kalup za kruh od 450 g i zagladite vrh. Neka se ohladi dok ne postane čvrsta. Preostali maslac ili margarin otopiti sa preostalom čokoladom i vodom. Dodajte šećer u prahu i miješajte dok ne postane glatko. Izvadite kolač iz kalupa i prerežite ga na pola po dužini. Stavite polovicu čokoladne glazure (glazuru), stavite na tanjur za posluživanje i prelijte preostalom glazurom. Ohladiti prije posluživanja.

Čokoladni kvadratići

Prije otprilike 24 godine

8 oz/225 g krekeri za probavu (Graham krekeri)

100 g putera ili margarina

1 oz/25 g/2 žlice šećera u prahu (superfinog)

15 ml/1 žlica zlatnog sirupa (svijetli kukuruz)

45 ml/3 žlice kakaa u prahu (nezaslađena čokolada)

200g/7oz/1¾ šalice čokoladne glazure za tortu

Stavite kolačiće u plastičnu vrećicu i izgnječite ih valjkom za tijesto. U tavi otopiti puter ili margarin pa dodati šećer i sirup. Maknite s vatre i dodajte mrvice keksa i kakao. Izliti u podmazan kalup za tortu promjera 18 cm obložen papirom za pečenje i ravnomjerno utisnuti. Pustite da se ohladi i potom stavite u hladnjak dok se ne stegne.

Otopite čokoladu u zdjeli otpornoj na toplinu iznad posude s ključalom vodom. Premazati preko biskvita i dok se stegne vilicom rezati linije. Kad se stegne, rezati na kvadrate.

Hladnjak za čokoladnu tortu

Pravi kolač od 450g

100g/4oz/½ šalice blagog smeđeg šećera

100 g putera ili margarina

50g/2oz/½ šalice čokolade za piće u prahu

1 oz/25 g/¼ šalice kakaa u prahu (nezaslađena čokolada)

30 ml/2 žlice zlatnog sirupa (svijetli kukuruzni)

5 oz/150 g digestivnog keksa (graham krekeri) ili bogatog čajnog keksa

¼ šalice/2 oz/50 g kandiranih višanja ili mješavine orašastih plodova i grožđica

4 oz/100 g/1 šalica mliječne čokolade

U lonac dodajte šećer, maslac ili margarin, čokoladu za piće, kakao i sirup i lagano zagrijavajte, dobro miješajući, dok se maslac ne otopi. Maknite s vatre i izmrvite kolačiće. Dodajte višnje ili orahe i grožđice i ulijte u kalup od 450g. Ostavite da se ohladi u hladnjaku.

Otopite čokoladu u zdjeli otpornoj na toplinu iznad posude s ključalom vodom. Premažite preko ohlađenog kolača i nakon pečenja prerežite.

Torta od čokolade i voća

Za jednu tortu od 18 cm/7 inča

100g/4oz/½ šalice maslaca ili margarina, otopljenog

100g/4oz/½ šalice blagog smeđeg šećera

225 g/8oz/2 šalice mrvica krekera za probavu (Graham krekeri)

50g/2oz/1/3 šalice grožđica (zlatne grožđice)

45 ml/3 žlice kakaa u prahu (nezaslađena čokolada)

1 razmućeno jaje

Nekoliko kapi esencije vanilije (ekstrakt)

Izmiksajte maslac ili margarin i šećer pa dodajte ostale sastojke i dobro promiješajte. Izliti u podmazan kalup za sendviče od 18 cm i poravnati površinu. Neka se ohladi dok ne postane čvrsta.

Kockice čokolade i đumbira

prije 24 godine

100 g putera ili margarina

100g/4oz/½ šalice blagog smeđeg šećera

30 ml/2 žlice kakaa u prahu (nezaslađena čokolada)

1 jaje, lagano tučeno

225 g/2 šalice mrvica od medenjaka

15 ml/1 žlica nasjeckanog kristaliziranog (kandiranog) đumbira

Otopite maslac ili margarin pa dodajte šećer i kakao dok se ne sjedine. Pomiješajte jaje, biskvitne mrvice i đumbir. Utisnite u kalup za roladu od želea i stavite u hladnjak dok se ne stegne. Izrežite na kvadrate.

Deluxe kockice čokolade i đumbira

prije 24 godine

100 g putera ili margarina

100g/4oz/½ šalice blagog smeđeg šećera

30 ml/2 žlice kakaa u prahu (nezaslađena čokolada)

1 jaje, lagano tučeno

225 g/2 šalice mrvica od medenjaka

15 ml/1 žlica nasjeckanog kristaliziranog (kandiranog) đumbira

4 oz/100 g/1 šalica tamne čokolade (poluslatke)

Otopite maslac ili margarin pa dodajte šećer i kakao dok se ne sjedine. Pomiješajte jaje, biskvitne mrvice i đumbir. Utisnite u kalup za roladu od želea i stavite u hladnjak dok se ne stegne.

> Otopite čokoladu u zdjeli otpornoj na toplinu iznad posude s ključalom vodom. Premažite tortu i ostavite da odstoji. Izrežite na kvadrate kada je čokolada skoro tvrda.

Kolačići od čokolade i meda

prije 12 godina

8 oz/225 g/1 šalica maslaca ili margarina

30 ml/2 žlice svijetlog meda

90 ml/6 žlica rogača ili kakaa u prahu (nezaslađena čokolada)

225g/8oz/2 šalice slatkih mrvica od kolačića

U tavi otopiti maslac ili margarin, med i rogač ili kakao prah dok se dobro ne sjedine. Umiješajte mrvice keksa. Izlijte u podmazan kalup za tortu (20 cm/8 kvadrata), ostavite da se ohladi pa izrežite na kvadrate.

slojevita čokoladna torta

Pravi kolač od 450g

300 ml/½ pt/1¼ šalice dvostrukog vrhnja (jakog)

225 g/8 oz/2 šalice tamne čokolade (poluslatke), izlomljene

5 ml/1 žličica esencije vanilije (ekstrakt)

20 jednostavnih kolačića (kolačića)

Zagrijte vrhnje u loncu na laganoj vatri gotovo do vrenja. Maknite s vatre i dodajte čokoladu, promiješajte, poklopite i ostavite da odstoji 5 minuta. Dodajte esenciju vanilije i miješajte dok se dobro ne sjedini. Zatim stavite u hladnjak dok se smjesa ne počne zgušnjavati.

Pokrijte kalup za kruh (tepsiju) od 1 lb/450 g plastičnom folijom. Podlogu premažite slojem čokolade i na to poslažite malo kolačića. Slagati čokoladu i kekse dok se sve ne potroši. Završite slojem čokolade. Pokrijte plastičnom folijom i stavite u hladnjak na najmanje 3 sata. Izvadite tortu iz kalupa i uklonite prozirnu foliju.

dobre čokoladice

prije 12 godina

100 g putera ili margarina

30 ml/2 žlice zlatnog sirupa (svijetli kukuruzni)

30 ml/2 žlice kakaa u prahu (nezaslađena čokolada)

8 oz/225 g/1 pakiranje kolačića, grubo zdrobljenih

100 g/1 šalica čiste (poluslatke) čokolade, narezane na kockice

Otopite maslac ili margarin i sirup pa maknite s vatre i dodajte kakao i mljevene kekse. Smjesu rasporedite u četvrtasti kalup za tortu promjera 23 cm i zagladite površinu. Otopite čokoladu u zdjeli otpornoj na toplinu iznad posude s ključalom vodom i premažite je po vrhu. Pustite da se malo ohladi, zatim narežite na štanglice ili kvadrate i ostavite u hladnjaku dok se ne stegne.

Čokoladne praline kvadratići

prije 12 godina

100 g putera ili margarina

30 ml/2 žlice šećera u prahu (superfinog)

15 ml/1 žlica zlatnog sirupa (svijetli kukuruz)

15 ml/1 žlica čokolade za piće u prahu

8 oz/225 g Krekeri za probavu (Graham Crackers), zdrobljeni

200 g/1¾ šalice tamne čokolade (poluslatke)

100 g/1 šalica sjeckanih miješanih orašastih plodova

U šerpi otopiti puter ili margarin, šećer, sirup i čokoladu za piće. Pustite da zavrije i zatim kuhajte 40 sekundi. Maknite s vatre i dodajte kekse i orahe. Utisnite u podmazan kalup za tart (28 x 18 cm). Otopite čokoladu u zdjeli otpornoj na toplinu iznad posude s ključalom vodom. Premažite kolačiće i ostavite da se ohlade, zatim ostavite u hladnjaku 2 sata prije rezanja na kvadrate.

Kokosov čips

prije 12 godina

4 oz/100 g/1 šalica tamne čokolade (poluslatke)

30ml/2 žlice mlijeka

30 ml/2 žlice zlatnog sirupa (svijetli kukuruzni)

4 oz/100 g/4 šalice napuhane riže

2 oz/50 g/½ šalice sušenog kokosa (zdrobljenog)

U loncu otopite čokoladu, mlijeko i sirup. Maknite s vatre i dodajte granolu i kokos. Izliti u papirnate kutije (papir za muffine) i ostaviti da se stegne.

hrskave pločice

prije 12 godina

175 g/¾ šalice maslaca ili margarina

2 oz/50 g/¼ šalice blagog smeđeg šećera

30 ml/2 žlice zlatnog sirupa (svijetli kukuruzni)

45 ml/3 žlice kakaa u prahu (nezaslađena čokolada)

3 oz/75 g/½ šalice grožđica ili sultana (zlatne grožđice)

350 g/3 šalice hrskave granole od zobenih pahuljica

8 oz/225 g/2 šalice tamne čokolade (poluslatke)

Otopite maslac ili margarin sa šećerom, sirupom i kakaom. Dodajte grožđice ili sultanije i granolu. Utisnite smjesu u maslacem premazanu posudu za pečenje od 25 cm/12 inča. Otopite čokoladu u zdjeli otpornoj na toplinu iznad posude s ključalom vodom. Podijelite na ploške i ostavite da se ohladi, a zatim ohladite prije rezanja na ploške.

Čips od kokosa i grožđica

prije 12 godina

100g/1 šalica bijele čokolade

30ml/2 žlice mlijeka

30 ml/2 žlice zlatnog sirupa (svijetli kukuruzni)

6 oz/175 g/6 šalica napuhane riže

50g/2oz/1/3 šalice grožđica

U loncu otopite čokoladu, mlijeko i sirup. Maknite s vatre i dodajte granolu i grožđice. Izliti u papirnate kutije (papir za muffine) i ostaviti da se stegne.

Latte kvadrati

prije 20 godina

1 oz/25 g/2 žlice želatine u prahu

75 ml/5 žlica hladne vode

8 oz/225 g/2 šalice prirodnih mrvica kolačića

2 oz/50 g/¼ šalice maslaca ili margarina, otopljenog

14 oz/400 g/1 velika limenka kondenziranog mlijeka

5 oz/150 g/2/3 šalice šećera u prahu (superfinog)

400 ml/14 tečnih oz/1¾ šalice jake crne kave, ledene

Šlag i kandirane (ušećerene) kriške naranče za ukras

Želatinu pospite vodom u posudi i miješajte dok ne postane pjenasta. Stavite posudu u lonac s vrućom vodom i ostavite da odstoji dok se ne otopi. Pustiti da se malo ohladi. Umiješajte mrvice kolačića u rastopljeni maslac i utisnite ih na dno i stranice namašćenog pravokutnog kalupa za torte veličine 12 x 8 inča/30 x 20 cm. Kondenzirano mlijeko mutiti dok se ne zgusne, zatim postepeno umiješati šećer, a zatim otopljenu želatinu i kavu. Prelijte podlogom i ostavite u hladnjaku dok ne očvrsne. Izrežite na kvadrate i ukrasite šlagom i ušećerenim ploškama naranče.

Voćni kolač bez pečenja

Za tortu od 23 cm/9 inča

1 lb/450 g/2 2/3 šalice trail mix (mješavina za voćni kolač)

450 g/lb keksa, mljevenog

100g/4oz/½ šalice maslaca ili margarina, otopljenog

100g/4oz/½ šalice blagog smeđeg šećera

14 oz/400 g/1 velika limenka kondenziranog mlijeka

5 ml/1 žličica esencije vanilije (ekstrakt)

Pomiješajte sve sastojke dok se dobro ne sjedine. Izlijte u podmazan lim za torte (23 cm/9 inča) obložen prozirnom folijom i pritisnite. Neka se ohladi dok ne postane čvrsta.

Voćni kvadratići

Prije otprilike 12 godina

100 g putera ili margarina

100g/4oz/½ šalice blagog smeđeg šećera

14 oz/400 g/1 velika limenka kondenziranog mlijeka

5 ml/1 žličica esencije vanilije (ekstrakt)

9 oz/1½ šalice/250 g trail mix (mješavina za voćni kolač)

4 oz/100 g/½ šalice kandiranih višanja (ušećerenih)

50 g/½ šalice nasjeckanih miješanih orašastih plodova

14 oz/400 g prirodnih kolačića, mljevenih

Na laganoj vatri otopite maslac ili margarin i šećer. Dodajte kondenzirano mlijeko i aromu vanilije i maknite s vatre. Pomiješajte preostale sastojke. Utisnite u podmazan kalup za roladu sa želeom i ostavite u hladnjaku 24 sata dok ne postane čvrst. Izrežite na kvadrate.

Hrustanje voća i vlakana

prije 12 godina

4 oz/100 g/1 šalica tamne čokolade (poluslatke)

2 oz/50 g/¼ šalice maslaca ili margarina

15 ml/1 žlica zlatnog sirupa (svijetli kukuruz)

100 g/4 oz/1 šalica žitarica za doručak s voćem i vlaknima

Otopite čokoladu u zdjeli otpornoj na toplinu iznad posude s ključalom vodom. Miksajte maslac ili margarin i sirupirajte dok ne postane kremasto. Dodajte žitarice. Izlijte u papirnate kalupe (kalupe za muffine) i ostavite da se ohladi i stegne.

Nugat torta

Pravi kolač od 900 g

½ oz/15 g/1 žlica želatine u prahu

100 ml/3½ fl oz/6½ žlice vode

1 paket keksa

8 oz/225 g/1 šalica maslaca ili margarina, omekšalog

2 oz/50 g/¼ šalice šećera u prahu (superfinog)

14 oz/400 g/1 velika limenka kondenziranog mlijeka

5 ml/1 žličica soka od limuna

5 ml/1 žličica esencije vanilije (ekstrakt)

5 ml/1 žličica kreme od zubnog kamenca

100 g/2/3 šalice miješanog suhog voća (mješavina za voćni kolač), nasjeckanog

Pospite želatinu vodom u maloj posudi, zatim je stavite u lonac s vrućom vodom dok želatina ne postane bistra. Pustiti da se malo ohladi. Kalup za kruh od 2 lb/900 g obložite folijom tako da folija pokriva vrh kalupa, a zatim stavite polovicu kolačića na podlogu. Miksajte maslac ili margarin i šećer dok ne postanu kremasti, pa umiješajte sve preostale sastojke. Izlijte u tepsiju i na vrh poslažite preostale kolačiće. Pokrijte folijom i na vrh stavite uteg. Neka se ohladi dok ne postane čvrsta.

Kvadratići od mlijeka i muškatnog oraščića

prije 20 godina

Za bazu:

8 oz/225 g/2 šalice prirodnih mrvica kolačića

30 ml/2 žlice slatkog smeđeg šećera

2,5 ml/½ žličice naribanog muškatnog oraščića

100g/4oz/½ šalice maslaca ili margarina, otopljenog

Za nadjev:

1,2 litre/2 dijela/5 šalica mlijeka

1 oz/25 g/2 žlice maslaca ili margarina

2 jaja, odvojena

8 oz/225 g/1 šalica šećera u prahu (superfinog)

100 g/1 šalica kukuruznog brašna (kukuruzni škrob)

½ šalice/2 oz/50 g glatkog (višenamjenskog) brašna

5 ml/1 žličica praška za pecivo

Prstohvat naribanog muškatnog oraščića

naribani muškatni oraščić za posipanje

Za podlogu biskvitne mrvice, šećer i muškatni oraščić pomiješajte s otopljenim maslacem ili margarinom i utisnite u podmazan kalup za tart (30 x 20 cm).
Za nadjev u većem loncu zakuhajte 1 litru mlijeka. Dodajte maslac ili margarin. Žumanjke pomiješajte s preostalim mlijekom. Pomiješajte šećer, kukuruznu krupicu, brašno, prašak za pecivo i muškatni oraščić. Umiješajte malo kipućeg mlijeka u smjesu žumanjaka dok ne nastane pasta. Zatim smjesu umiješajte u kipuće mlijeko i neprestano miješajte na laganoj vatri nekoliko minuta

dok se ne zgusne. Makni se s vatre. Bjelanjke istucite u čvrsti snijeg pa ih dodajte u smjesu. Prelijte podlogu i obilato pospite muškatnim oraščićem. Ostavite da se ohladi, zatim ohladite i izrežite na kvadrate prije posluživanja.

hrskavi müsli

Čini oko 16 kvadrata

14 oz/400 g/3½ šalice tamne čokolade (poluslatke)

45 ml/3 žlice zlatnog sirupa (svijetli kukuruzni)

1 oz/25 g/2 žlice maslaca ili margarina

Oko 225g/8oz/2/3 šalice žitarica

Otopite pola čokolade, sirup i maslac ili margarin. Postupno dodajte toliko muslija da dobijete gustu smjesu. Utisnite u podmazan kalup za roladu od želea. Preostalu čokoladu otopite i premažite. Ostavite da se ohladi u hladnjaku prije rezanja na kvadrate.

Narančasti mousse kvadratići

prije 20 godina

1 oz/25 g/2 žlice želatine u prahu

75 ml/5 žlica hladne vode

8 oz/225 g/2 šalice prirodnih mrvica kolačića

2 oz/50 g/¼ šalice maslaca ili margarina, otopljenog

14 oz/400 g/1 velika limenka kondenziranog mlijeka

5 oz/150 g/2/3 šalice šećera u prahu (superfinog)

14 tečnih oz/400 ml/1¾ šalice soka od naranče

Šlag i praline za dekoraciju

Želatinu pospite vodom u posudi i miješajte dok ne postane pjenasta. Stavite posudu u lonac s vrućom vodom i ostavite da odstoji dok se ne otopi. Pustiti da se malo ohladi. U rastopljeni maslac umiješajte biskvitne mrvice i utisnite ih u dno i stranice namašćenog kalupa za tart veličine 30 x 20 cm/12 x 8. Tucite mlijeko dok ne postane gusto, zatim postupno umiješajte šećer, zatim otopljenu želatinu i sok od naranče. Prelijte podlogom i ostavite u hladnjaku dok ne očvrsne. Izrežite na kvadrate i ukrasite šlagom i pralinama.

Kvadrati od kikirikija

prije 18 godina

8 oz/225 g/2 šalice prirodnih mrvica kolačića

100g/4oz/½ šalice maslaca ili margarina, otopljenog

8 oz/225 g/1 šalica hrskavog maslaca od kikirikija

1 oz/25 g/2 žlice kandiranih višanja (ušećerenih)

1 oz/25 g/3 žlice crvenog ribiza

Pomiješajte sve sastojke dok se dobro ne sjedine. Utisnite u podmazanu posudu za pečenje (25 cm/12 in) i ohladite dok ne postane čvrsta, a zatim izrežite na kvadrate.

Kolač od pepermint bombona

prije 16 godina

14 oz/400 g/1 velika limenka kondenziranog mlijeka

600 ml/1 pt/2½ šalice mlijeka

30 ml/2 žlice praška za puding

225 g/8oz/2 šalice mrvica krekera za probavu (Graham krekeri)

4 oz/100 g/1 šalica mint čokolade, izlomljene na komadiće

Stavite neotvorenu limenku evaporiranog mlijeka u lonac napunjen s dovoljno vode da pokrije limenku. Zakuhajte, poklopite i kuhajte 3 sata, po potrebi dolijevajući kipuću vodu. Pustite da se ohladi pa otvorite kalup i izvadite karamel.

Zagrijte 500 ml/17 fl oz/2¼ šalice mlijeka s karamelom, zakuhajte i miješajte dok se ne rastopi. Prašak za puding pomiješajte s preostalim mlijekom da dobijete pastu, zatim umiješajte u lonac i nastavite kuhati na laganoj vatri uz stalno miješanje dok se ne zgusne. Na dno podmazanog kvadratnog kalupa za tortu od 8 inča/20 cm pospite polovicu mrvica kolačića, a zatim na vrh izlijte polovicu kreme i pospite polovicom čokolade. Ponovite slojeve i ostavite ih da se ohlade. Ostavite da se ohladi, a zatim narežite na porcije za posluživanje.

Rižini kolači

prije 24 godine

175g/6oz/½ šalice svijetlog meda

8 oz/225 g/1 šalica granuliranog šećera

60 ml/4 žlice vode

12oz/350g/1 kutija žitarica od lisnate riže

100g/1 šalica prženog kikirikija

Otopite med, šećer i vodu u velikom loncu i ostavite da se ohladi 5 minuta. Dodajte žitarice i kikiriki. Uvaljati u kuglice, staviti u papirnate kutije (papir za muffine) i ostaviti da se ohlade i stvrdnu.

Karamele od riže i čokolade

Čini 8 oz/225 g

2 oz/50 g/¼ šalice maslaca ili margarina

30 ml/2 žlice zlatnog sirupa (svijetli kukuruzni)

30 ml/2 žlice kakaa u prahu (nezaslađena čokolada)

60 ml/4 žlice šećera u prahu (superfinog)

2 oz/50 g/½ šalice mljevene riže

Rastopite maslac i sirup. Dodajte kakao i šećer dok se ne otope, a zatim dodajte mljevenu rižu. Pustite da lagano zavrije, smanjite vatru i kuhajte 5 minuta uz stalno miješanje. Izliti u podmazan četvrtasti kalup promjera 20 cm obložen papirom za pečenje i ostaviti da se malo ohladi. Izrežite na kvadrate, pa ostavite da se skroz ohladi prije vađenja iz kalupa.

Pasta od badema

Pokriva vrh i strane torte od 9"/23 cm

8 oz/225 g/2 šalice mljevenih badema

8 oz/225 g/11/3 šalice šećera u prahu, prosijanog

8 oz/225 g/1 šalica šećera u prahu (superfinog)

2 jaja, lagano tučena

10 ml/2 žličice soka od limuna

Nekoliko kapi esencije badema (ekstrakt)

Istucite bademe i šećer dok ne postanu pjenasti. Postupno miješajte preostale sastojke dok ne nastane glatka smjesa. Prije upotrebe zamotajte u prozirnu foliju (plastičnu foliju) i čuvajte u hladnjaku.

pasta od badema bez šećera

Pokriva vrh i strane torte od 6 inča

100g/1 šalica mljevenih badema

50g/2oz/½ šalice fruktoze

¼ šalice/1 oz/25 g kukuruznog brašna (kukuruzni škrob)

1 jaje, lagano tučeno

Pomiješajte sve sastojke dok se ne formira glatka pasta. Prije upotrebe zamotajte u prozirnu foliju (plastičnu foliju) i čuvajte u hladnjaku.

royal icing

Pokrijte vrh i strane torte od 8 inča

5 ml/1 žličica soka od limuna

2 bjelanjka

450 g/22/3 šalice šećera u prahu, prosijanog

5 ml/1 žličica glicerina (po izboru)

Miksati limunov sok i bjelanjke te postupno dodavati šećer u prahu dok glazura (glazura) ne postane glatka, bijela i prekriva poleđinu žlice. Nekoliko kapi glicerina sprječava da glazura postane previše lomljiva. Pokrijte vlažnom krpom i ostavite 20 minuta da mjehurići zraka izađu na površinu.

Ovakvom glazurom možete preliti kolač i zagladiti ga nožem umočenim u vruću vodu. Dodajte još šećera u prahu za prelijevanje kako bi glazura bila dovoljno čvrsta da se drži vrhova.

glazura bez šećera

Dovoljno za prekrivanje torte od 15 cm/6 inča

50g/2oz/½ šalice fruktoze

Prstohvat soli

1 bjelanjak

2,5 ml/½ žličice soka od limuna

Obradite fruktozu u prahu u multipraktiku dok ne postane fina kao šećer u prahu. Pomiješajte sol. Stavite u vatrostalnu zdjelu i umiješajte snijeg od bjelanjaka i limunov sok. Stavite zdjelu iznad lonca s kipućom vodom i nastavite tući dok se ne formiraju čvrsti vrhovi. Maknite s vatre i tucite dok se ne ohladi.

Glazura od fondana

Dovoljno za prekrivanje torte od 20 cm

450g/1 funta/2 šalice šećera u prahu (superfinog) ili šećera u kockama

150 ml/¼ žlice/2/3 šalice vode

15 ml/1 žlica tekuće glukoze ili 2,5 ml/½ žličice kreme od zubnog kamenca

Otopite šećer u vodi u velikom loncu s debelim dnom na laganoj vatri. Stranice posude očistite četkom umočenom u hladnu vodu kako se ne bi stvorili kristali. Kremu od tartara otopite u malo vode i umiješajte u lonac. Zakuhajte i kuhajte neprestano na 115°C/242°F dok kap glazure ne napravi glatku kuglu kada se uroni u hladnu vodu. Polako ulijte sirup u posudu otpornu na toplinu i ostavite da odstoji dok se ne stvori kožica. Tucite glazuru drvenom kuhačom dok ne postane neprozirna i čvrsta. Sve miješajte dok ne postane glatko. Ako je potrebno, zagrijte u zdjeli otpornoj na toplinu iznad posude s vrućom vodom da omekša prije upotrebe.

Glazura od maslaca

Dovoljno za punjenje i prekrivanje torte od 20 cm

100g/4oz/½ šalice maslaca ili margarina, omekšalog

225 g/8 oz/11/3 šalice šećera u prahu (šećera u prahu), prosijanog

30ml/2 žlice mlijeka

Miksajte maslac ili margarin dok ne dobijete glatku smjesu. Postupno dodajte šećer u prahu i mlijeko dok se dobro ne sjedine.

Glazura od čokoladnog maslaca

Dovoljno za punjenje i prekrivanje torte od 20 cm

30 ml/2 žlice kakaa u prahu (nezaslađena čokolada)

15 ml/1 žlica kipuće vode

100g/4oz/½ šalice maslaca ili margarina, omekšalog

8 oz/225 g/11/3 šalice šećera u prahu, prosijanog

15 ml/1 žlica mlijeka

Kakao masu pomiješajte s kipućom vodom i ostavite da se ohladi. Miksajte maslac ili margarin dok ne dobijete glatku smjesu. Postupno dodajte šećer u prahu, mlijeko i smjesu kakaa dok se dobro ne sjedine.

Glazura od putera od bijele čokolade

Dovoljno za punjenje i prekrivanje torte od 20 cm

100g/1 šalica bijele čokolade

100g/4oz/½ šalice maslaca ili margarina, omekšalog

8 oz/225 g/11/3 šalice šećera u prahu, prosijanog

15 ml/1 žlica mlijeka

Otopite čokoladu u zdjeli otpornoj na toplinu postavljenoj iznad posude s ključalom vodom, a zatim ostavite da se malo ohladi. Miksajte maslac ili margarin dok ne dobijete glatku smjesu. Postupno dodajte šećer u prahu, mlijeko i čokoladu dok se dobro ne sjedine.

Glazura od maslaca od kave

Dovoljno za punjenje i prekrivanje torte od 20 cm

100g/4oz/½ šalice maslaca ili margarina, omekšalog

225 g/8 oz/11/3 šalice šećera u prahu (šećera u prahu), prosijanog

15 ml/1 žlica mlijeka

15 ml/1 žlica esencije kave (ekstrakta)

Miksajte maslac ili margarin dok ne dobijete glatku smjesu. Postupno dodajte šećer u prahu, mlijeko i esenciju kave dok se dobro ne sjedine.

Glazura od maslaca od limuna

Dovoljno za punjenje i prekrivanje torte od 20 cm

100g/4oz/½ šalice maslaca ili margarina, omekšalog

225 g/8 oz/11/3 šalice šećera u prahu (šećera u prahu), prosijanog

30 ml/2 žlice soka od limuna

ribana korica 1 limuna

Miksajte maslac ili margarin dok ne dobijete glatku smjesu. Postupno dodajte šećer u prahu, limunov sok i koricu dok se dobro ne sjedine.

Glazura od narančinog maslaca

Dovoljno za punjenje i prekrivanje torte od 20 cm

100g/4oz/½ šalice maslaca ili margarina, omekšalog

225 g/8 oz/1 1/3 šalice šećera u prahu (šećera u prahu), prosijanog

30 ml/2 žlice soka od naranče

naribana kora 1 naranče

Miksajte maslac ili margarin dok ne dobijete glatku smjesu. Postupno dodajte šećer u prahu, narančin sok i koricu dok se dobro ne sjedine.

Glazura od krem sira

Dovoljno za prekrivanje torte od 25 cm/9 inča

3 oz/75 g/1/3 šalice krem sira

30 ml/2 žlice maslaca ili margarina

12 oz/350 g/2 šalice šećera u prahu (šećera u prahu), prosijanog

5 ml/1 žličica esencije vanilije (ekstrakt)

Umutiti sir i maslac ili margarin dok ne postane pjenasto. Postupno dodajte šećer u prahu i aromu vanilije dok ne dobijete glatku i kremastu smjesu.

Narančasta glazura

Dovoljno za prekrivanje torte od 25 cm/9 inča

250g/9oz/1½ šalice šećera u prahu, prosijanog

30 ml/2 žlice maslaca ili margarina, omekšalog

Nekoliko kapi esencije badema (ekstrakt)

60 ml/4 žlice soka od naranče

Šećer u prahu stavite u zdjelu i pomiješajte s maslacem ili margarinom i esencijom od badema. Postupno umiješajte dovoljno soka od naranče da dobijete čvrstu glazuru.

Poklopac s likerom od naranče

Dovoljno za prekrivanje torte od 20 cm

100g/4oz/½ šalice maslaca ili margarina, omekšalog

450 g/22/3 šalice šećera u prahu, prosijanog

60 ml/4 žlice likera od naranče

15 ml/1 žlica naribane narančine korice

Miksajte maslac ili margarin i šećer dok ne dobijete laganu, pahuljastu smjesu. Dodajte dovoljno likera od naranče da dobijete konzistenciju koja se može mazati, zatim dodajte koricu naranče.

Kolačići od zobene kaše i grožđica

prije 20 godina

¾ šalice/6 oz/175 g glatkog brašna (višenamjenskog)

5 oz / 1¼ šalice valjane zobi

5 ml/1 žličica mljevenog đumbira

2,5 ml/½ žličice praška za pecivo

2,5 ml/½ žličice praška za pecivo (natrij bikarbonat)

100g/4oz/½ šalice blagog smeđeg šećera

50g/2oz/1/3 šalice grožđica

1 jaje, lagano tučeno

150 ml/¼ st./2/3 šalice ulja

60 ml/4 žlice mlijeka

Pomiješajte suhe sastojke, dodajte grožđice i napravite udubinu u sredini. Dodajte jaje, ulje i mlijeko i miješajte dok ne postane glatko. Žlicu smjese stavite na nepodmazan lim za pečenje i malo poravnajte vilicom. Pecite u prethodno zagrijanoj pećnici na 200°C/400°F/plinska oznaka 6 10 minuta dok ne porumene.

Začinjeni zobeni kolačići

prije 30 godina

100g/4oz/½ šalice maslaca ili margarina, omekšalog

100g/4oz/½ šalice blagog smeđeg šećera

100 g/4 oz/½ šalice šećera u prahu (superfinog)

1 jaje

2,5 ml/½ žličice esencije vanilije (ekstrakt)

1 šalica/4 oz/100 g glatkog brašna (višenamjenskog)

2,5 ml/½ žličice praška za pecivo (natrij bikarbonat)

Prstohvat soli

5 ml/1 žličica mljevenog cimeta

Prstohvat naribanog muškatnog oraščića

100g/1 šalica zobenih pahuljica

50 g/½ šalice nasjeckanih miješanih orašastih plodova

50 g/½ šalice komadića čokolade

Miksajte maslac ili margarin i šećer dok ne dobijete laganu, pahuljastu smjesu. Postupno dodajte jaje i aromu vanilije. Pomiješajte brašno, sodu bikarbonu, sol i začine te dodajte. Dodajte zob, orahe i komadiće čokolade. Zaobljene žličice stavljati na podmazan lim za biskvit i peći kekse (keksiće) u prethodno zagrijanoj pećnici na 180°C/350°F/plin 4 10 minuta, dok lagano ne porumene.

Kolačići od cjelovitih zobenih pahuljica

prije 24 godine

100 g putera ili margarina

200 g zobenih pahuljica

¾ šalice/3 oz/75 g integralnog pšeničnog brašna (cjelovitog pšeničnog)

½ šalice/2 oz/50 g glatkog (višenamjenskog) brašna

5 ml/1 žličica praška za pecivo

2 oz/50 g/¼ šalice demerara šećera

1 jaje, lagano tučeno

30ml/2 žlice mlijeka

Utrljajte maslac ili margarin u zobene zobi, brašno i prašak za pecivo dok smjesa ne nalikuje krušnim mrvicama. Dodajte šećer, a zatim zamijesite jaje i mlijeko u čvrsti tijesto. Na lagano pobrašnjenoj površini razvaljajte tijesto na oko 1 cm debljine i kalupom za kekse promjera 5 cm izrežite krugove. Kekse (keksiće) poslagati u podmazan pleh (biskvit) i peći u prethodno zagrijanoj pećnici na 190°C/375°F/plin oznaka 5 oko 15 minuta dok ne porumene.

Keksići od naranče

prije 24 godine

100g/4oz/½ šalice maslaca ili margarina, omekšalog

2 oz/50 g/¼ šalice šećera u prahu (superfinog)

naribana kora 1 naranče

1 ¼ šalice/5 oz/150 g brašna koje se samo diže

Miksajte maslac ili margarin i šećer dok ne dobijete laganu, pahuljastu smjesu. Umiješajte narančinu koricu pa dodajte brašno dok ne dobijete gustu smjesu. Formirajte velike kuglice veličine oraha i stavite u podmazan lim za pečenje, dobro razmaknute, pa lagano pritisnite vilicom da se spljošti. Pecite kekse u prethodno zagrijanoj pećnici na 180°C/350°F/plinska oznaka 4 15 minuta dok ne porumene.

Kolačići od naranče i limuna

prije 30 godina

2 oz/50 g/¼ šalice maslaca ili margarina, omekšalog

3 oz/75 g/1/3 šalice šećera u prahu (superfinog)

1 žumanjak

naribana kora ½ naranče

15 ml/1 žlica soka od limuna

1¼ šalice/5 oz/150 g glatkog brašna (višenamjenskog)

2,5 ml/½ žličice praška za pecivo

Prstohvat soli

Miksajte maslac ili margarin i šećer dok ne dobijete laganu, pahuljastu smjesu. Postupno umiješajte žumanjke, narančinu koricu i limunov sok pa dodajte brašno, prašak za pecivo i sol dok ne dobijete čvrsto tijesto. Zamotajte u plastičnu foliju i stavite u hladnjak na 30 minuta.

Razvaljajte na lagano pobrašnjenoj površini na oko ¼/5 mm debljine i izrežite oblike pomoću rezača za kekse. Kekse stavite u podmazan pleh i pecite u prethodno zagrijanoj pećnici na 190°C/375°F/plinska oznaka 5 10 minuta.

Kolačići od naranče i oraha

prije 16 godina

100 g putera ili margarina

3 oz/75 g/1/3 šalice šećera u prahu (superfinog)

naribana kora ½ naranče

1 ¼ šalice/5 oz/150 g brašna koje se samo diže

50 g/½ šalice mljevenih oraha

Pomiješajte maslac ili margarin s 50 g/2 oz/¼ šalice šećera i koricom naranče dok ne postane svijetlo i kremasto. Dodajte brašno i orahe i ponovno miksajte dok se smjesa ne sjedini. Oblikovati kuglice i ravnati u podmazan pleh. Pecite kekse u prethodno zagrijanoj pećnici na 190°C/375°F/plinska oznaka 5 10 minuta, dok rubovi ne porumene. Pospite s malo šećera i ostavite da se malo ohladi prije nego što stavite na rešetku da se ohladi.

Kolačići od naranče i čokolade

prije 30 godina

2 oz/50 g/¼ šalice maslaca ili margarina, omekšalog

3 oz/75 g/1/3 šalice masti (biljnog masti)

175 g/¾ šalice blagog smeđeg šećera

1¾ šalice/7 oz/100 g integralnog pšeničnog brašna (cjelovitog pšeničnog)

3 oz/75 g/¾ šalice mljevenih badema

10 ml/2 žličice praška za pecivo

75 g/¾ šalice komadića čokolade

naribana kora 2 naranče

15 ml/1 žlica soka od naranče

1 jaje

Šećer u prahu (superfini) za posipanje

Miksajte maslac ili margarin, mast i smeđi šećer dok ne postane pjenasto. Dodajte preostale sastojke osim šećera u prahu i miješajte dok se ne formira pasta. Na pobrašnjenoj radnoj površini razvaljajte ¼/5 mm debljine i modlicom izrežite kolačiće. Stavite u podmazan pleh (biskvit) i pecite u prethodno zagrijanoj pećnici na 180°C/350°F/plinska oznaka 4 20 minuta dok ne porumene.

Pikantni kolačići od naranče

prije 10 godina

8 oz/2 šalice/225 g glatkog brašna (višenamjenskog)

2,5 ml/½ žličice mljevenog cimeta

Prstohvat miješanih začina (pita od jabuka)

3 oz/75 g/1/3 šalice šećera u prahu (superfinog)

150g/2/3 šalice maslaca ili margarina, omekšalog

2 žumanjka

naribana kora 1 naranče

75 g/¾ šalice tamne čokolade (poluslatke)

Pomiješajte brašno i začine, pa dodajte šećer. Dodajte maslac ili margarin, žumanjak i narančinu koricu i miješajte dok ne postane glatko. Zamotajte ga u prozirnu foliju (plastičnu foliju) i ostavite da se ohladi 1 sat.

Ulijte tijesto u vrećicu za pečenje opremljenu velikom zvjezdastom mlaznicom i izvucite dugačke cijevi na podmazan lim za pečenje. Pecite u prethodno zagrijanoj pećnici na 190°C/375°F/plinska oznaka 5 10 minuta dok ne porumene. Ostaviti da se ohladi.

Otopite čokoladu u zdjeli otpornoj na toplinu iznad posude s ključalom vodom. Krajeve kolačića umočite u otopljenu čokoladu i ostavite da se stegne na papiru za pečenje.

Kolačići s maslacem od kikirikija

prije 18 godina

100g/4oz/½ šalice maslaca ili margarina, omekšalog

100 g/4 oz/½ šalice šećera u prahu (superfinog)

100g/4oz/½ šalice hrskavog ili glatkog maslaca od kikirikija

60 ml/4 žlice zlatnog sirupa (svijetli kukuruzni)

15 ml/1 žlica mlijeka

1½ šalice/6 oz/175 g glatkog brašna (višenamjenskog)

2,5 ml/½ žličice praška za pecivo (natrij bikarbonat)

Miksajte maslac ili margarin i šećer dok ne dobijete laganu, pahuljastu smjesu. Umiješajte maslac od kikirikija, zatim dodajte sirup i mlijeko. Pomiješajte brašno i prašak za pecivo i umiješajte u smjesu, pa mijesite dok ne postane glatko. Oblikujte cjepanicu i stavite u hladnjak da se stegne.

Izrežite na ¼/5 mm debele ploške i stavite na malo namašćenu tepsiju. Pecite kekse u prethodno zagrijanoj pećnici na 180°C/350°F/plinska oznaka 4 12 minuta dok ne porumene.

Čokoladni maslac od kikirikija

prije 24 godine

2 oz/50 g/¼ šalice maslaca ili margarina, omekšalog

2 oz/50 g/¼ šalice blagog smeđeg šećera

2 oz/50 g/¼ šalice šećera u prahu (superfinog)

2 oz/50 g/¼ šalice glatkog maslaca od kikirikija

1 žumanjak

¾ šalice/3 oz/75 g glatkog brašna (višenamjenskog)

2,5 ml/½ žličice praška za pecivo (natrij bikarbonat)

50 g/½ šalice tamne čokolade (poluslatke)

Miksajte maslac ili margarin i šećer dok ne dobijete laganu, pahuljastu smjesu. Postupno dodajte maslac od kikirikija, a zatim i žumanjke. Pomiješajte brašno i prašak za pecivo i umiješajte u smjesu dok se ne dobije čvrsto tijesto. U međuvremenu otopite čokoladu u zdjeli otpornoj na toplinu postavljenoj iznad posude s ključalom vodom. Razvaljajte tijesto na 30 x 46 cm i premažite ga gotovo do ruba otopljenom čokoladom. Zarolati s duže strane, omotati prozirnom folijom (plastičnom folijom) i ostaviti u hladnjaku da se stegne.

Rolat narežite na ploške debljine 5mm i stavite u nepodmazan pleh. Pecite u prethodno zagrijanoj pećnici na 180°C/350°F/plinska oznaka 4 10 minuta dok ne porumene.

Zobeni kolačići s maslacem od kikirikija

prije 24 godine

3 oz/75 g/1/3 šalice maslaca ili margarina, omekšalog

3 oz/75 g/1/3 šalice maslaca od kikirikija

150 g/2/3 šalice blagog smeđeg šećera

1 jaje

½ šalice/2 oz/50 g glatkog (višenamjenskog) brašna

2,5 ml/½ žličice praška za pecivo

Prstohvat soli

Nekoliko kapi esencije vanilije (ekstrakt)

75 g/¾ šalice zobenih pahuljica

1½ oz/40 g/1/3 šalice čokoladnih komadića

Miksajte maslac ili margarin, maslac od kikirikija i šećer dok ne postane pjenasto. Malo po malo dodajte jaje. Dodajte brašno, prašak za pecivo i sol. Dodajte aromu vanilije, zob i komadiće čokolade. Rasipajte po pune žlice u podmazan pleh (biskvite) i pecite kekse (keksiće) u prethodno zagrijanoj pećnici na 180°C/350°F/plin 4 15 minuta.

Kolačići s maslacem od kikirikija i kokosovim medom

prije 24 godine

120 ml/4oz/½ šalice ulja

175g/6oz/½ šalice svijetlog meda

¾ šalice/6 oz/175 g hrskavog maslaca od kikirikija

1 razmućeno jaje

100g/1 šalica zobenih pahuljica

8 oz/2 šalice/225 g integralnog pšeničnog brašna (cjelovito pšenično)

2 oz/50 g/½ šalice sušenog kokosa (zdrobljenog)

Pomiješajte ulje, med, maslac od kikirikija i jaje pa dodajte preostale sastojke. Punim žlicama stavljajte na podmazan pleh i lagano poravnajte na oko ¼/6 mm debljine. Pecite kekse u prethodno zagrijanoj pećnici na 180°C/350°F/plinska oznaka 4 12 minuta dok ne porumene.

Pecan kolačići

prije 24 godine

100g/4oz/½ šalice maslaca ili margarina, omekšalog

45 ml/3 žlice blagog smeđeg šećera

1 šalica/4 oz/100 g glatkog brašna (višenamjenskog)

Prstohvat soli

5 ml/1 žličica esencije vanilije (ekstrakt)

100 g/1 šalica pekan oraha, sitno nasjeckanih

Šećer u prahu (šećer u prahu), prosijan, za posipanje

Miksajte maslac ili margarin i šećer dok ne dobijete laganu, pahuljastu smjesu. Postupno dodajte preostale sastojke osim šećera u prahu. Formirati kuglice od 3 cm i stavljati u podmazan pleh. Pecite kekse u prethodno zagrijanoj pećnici na 160°C/325°F/plinska oznaka 3 15 minuta dok ne porumene. Poslužite posipano šećerom u prahu.

Kolačići vjetrenjača

prije 24 godine

1½ šalice/6 oz/175 g glatkog brašna (višenamjenskog)

5 ml/1 žličica praška za pecivo

Prstohvat soli

3 oz/75 g/1/3 šalice maslaca ili margarina

3 oz/75 g/1/3 šalice šećera u prahu (superfinog)

Nekoliko kapi esencije vanilije (ekstrakt)

20 ml/4 žličice vode

10 ml/2 žličice kakaa u prahu (nezaslađena čokolada)

Pomiješajte brašno, prašak za pecivo i sol, zatim umiješajte maslac ili margarin dok smjesa ne bude poput krušnih mrvica. Dodajte šećer. Dodajte esenciju vanilije i vodu i miješajte dok smjesa ne postane glatka. Oblikujte kuglu pa je prepolovite. U jednu polovicu tijesta umiješajte kakao. Svaki dio tijesta razvaljajte u pravokutnik 25 x 18 cm i stavite jedan na drugi. Pažljivo zarolajte da se zalijepe. Tijesto razvaljajte po dužoj strani i lagano pritisnite. Zamotajte ga u prozirnu foliju (plastičnu foliju) i ostavite da se ohladi oko 30 minuta.

Narežite na ploške debljine 1/2,5 cm i dobro razmaknute složite u podmazan pleh. Pecite kekse u prethodno zagrijanoj pećnici na 180°C/350°F/plinska oznaka 4 15 minuta dok ne porumene.

Brzi keksi s mlaćenicom

prije 12 godina

3 oz/75 g/1/3 šalice maslaca ili margarina

8 oz/2 šalice/225 g glatkog brašna (višenamjenskog)

15 ml/1 žlica praška za pecivo

2,5 ml/½ žličice soli

175 ml/6 tečnih oz/¾ šalice mlaćenice

Šećer u prahu (šećer u prahu), prosijan, za posipanje (po želji)

Maslac ili margarin utrljajte u brašno, prašak za pecivo i sol dok smjesa ne bude poput krušnih mrvica. Postupno dodajte mlaćenicu dok se ne formira glatka pasta. Smjesu razvaljajte na lagano pobrašnjenoj površini na oko ¾/2 cm debljine i kalupom za kekse izrežite krugove. Kekse stavite u podmazan pleh (biskvit) i pecite u prethodno zagrijanoj pećnici na 230°C/450°F/plin 8 10 minuta dok ne porumene. Po želji pospite šećerom u prahu.

Kolačići s grožđicama

prije 24 godine

100g/4oz/½ šalice maslaca ili margarina, omekšalog

2 oz/50 g/¼ šalice šećera u prahu (superfinog)

ribana korica 1 limuna

50g/2oz/1/3 šalice grožđica

1 ¼ šalice/5 oz/150 g brašna koje se samo diže

Miksajte maslac ili margarin i šećer dok ne dobijete laganu, pahuljastu smjesu. Umiješajte koricu limuna, zatim umiješajte grožđice i brašno dok ne nastane gusta smjesa. Formirajte velike kuglice veličine oraha i stavite u podmazan lim za pečenje, dobro razmaknute, pa lagano pritisnite vilicom da se spljošti. Pecite kekse u prethodno zagrijanoj pećnici na 180°C/350°F/plinska oznaka 4 15 minuta dok ne porumene.

meki kolačići s grožđicama

prije 36 godina

100g/4oz/2/3 šalice grožđica

90 ml/6 žlica kipuće vode

2 oz/50 g/¼ šalice maslaca ili margarina, omekšalog

6 oz/175 g/¾ šalice šećera u prahu (superfinog)

1 jaje, lagano tučeno

2,5 ml/½ žličice esencije vanilije (ekstrakt)

1½ šalice/6 oz/175 g glatkog brašna (višenamjenskog)

2,5 ml/½ žličice praška za pecivo

1,5 ml/¼ žličice sode bikarbone (soda bikarbona)

2,5 ml/½ žličice soli

2,5 ml/½ žličice mljevenog cimeta

Prstohvat naribanog muškatnog oraščića

50 g/½ šalice nasjeckanih miješanih orašastih plodova

Stavite grožđice i kipuću vodu u lonac, zakuhajte, poklopite i kuhajte 3 minute. Ostaviti da se ohladi. Miksajte maslac ili margarin i šećer dok ne dobijete laganu, pahuljastu smjesu. Postupno dodajte jaje i aromu vanilije. Dodajte brašno, prašak za pecivo, sodu bikarbonu, sol i začine naizmjenično s grožđicama i tekućinom za namakanje. Dodajte orahe i miješajte dok ne postane glatko. Zamotajte u prozirnu foliju (plastičnu foliju) i ostavite da se hladi najmanje 1 sat.

Žlicom rasporedite tijesto na podmazan lim za pečenje i pecite kekse u prethodno zagrijanoj pećnici na 180°C/350°F/plinska oznaka 4 10 minuta dok ne porumene.

narezane grožđice i melasa

prije 24 godine

1 oz/25 g/2 žlice maslaca ili margarina, omekšalog

100 g/4 oz/½ šalice šećera u prahu (superfinog)

1 žumanjak

30 ml/2 žlice crne melase (sirup)

75g/3oz/½ šalice crvenog ribiza

1¼ šalice/5 oz/150 g glatkog brašna (višenamjenskog)

5 ml/1 žličica sode bikarbone (natrij bikarbona)

5 ml/1 žličica mljevenog cimeta

Prstohvat soli

30 ml/2 žlice hladne crne kave

Miksajte maslac ili margarin i šećer dok ne dobijete laganu, pahuljastu smjesu. Postupno dodajte žumanjke i melasu, a zatim dodajte ribizle. Pomiješajte brašno, prašak za pecivo, cimet i sol te pomiješajte s kavom. Pokrijte i ohladite smjesu.

Razvaljajte u kvadrat od 12 inča/30 cm i zatim ga oblikujte u cjepanicu. Stavite na podmazan pleh i pecite u prethodno zagrijanoj pećnici na 180°C/350°F/plinska oznaka 4 15 minuta, dok ne budu čvrsti na dodir. Narežite na kriške, a zatim ostavite da se ohladi na rešetki.

Ratafia kolačići

prije 16 godina

100g/4oz/½ šalice granuliranog šećera

2 oz/50 g/¼ šalice mljevenih badema

15 ml/1 žlica mljevene riže

1 bjelanjak

¼ šalice/1 oz/25 g badema u listićima (narezanih)

Pomiješajte šećer, mljevene bademe i mljevenu rižu. Istucite bjelanjke i nastavite s mućenjem 2 minute. Stavite kolačiće veličine oraha na lim za pečenje obložen rižinim papirom (kolačići) s ravnim vrhom od ¼ inča/5 mm. Na svaki kolačić stavite narezani badem. Pecite u prethodno zagrijanoj pećnici na 190°C/375°F/plinska oznaka 5 15 minuta dok ne porumene.

Rižini krekeri i žitarice

prije 24 godine

75 g/¼ šalice kuhane smeđe riže

50g/2oz/½ šalice žitarica

¾ šalice/3 oz/75 g integralnog pšeničnog brašna (cjelovitog pšeničnog)

2,5 ml/½ žličice soli

2,5 ml/½ žličice praška za pecivo (natrij bikarbonat)

5 ml/1 žličica mljevene mješavine začina (pita od jabuka)

30 ml/2 žlice svijetlog meda

3 oz/75 g/1/3 šalice maslaca ili margarina, omekšalog

Pomiješajte rižu, žitarice, brašno, sol, prašak za pecivo i mješavinu začina. Pomiješajte med i maslac ili margarin dok ne dobijete glatku smjesu. Umiješajte smjesu riže. Od smjese oblikujte kuglice veličine oraha i slažite ih u podmazane limove za pečenje s dovoljnim razmakom između njih. Malo poravnajte i zatim pecite u prethodno zagrijanoj pećnici na 190°C/375°F/plin 5 15 minuta ili dok ne porumene. Pustite da se ohladi 10 minuta, a zatim prebacite na rešetku da se ohladi. Čuvati u dobro zatvorenoj posudi.

romske kreme

prije 10 godina

1 oz/25 g/2 žlice masti (biljnog masti)

1 oz/25 g/2 žlice maslaca ili margarina, omekšalog

2 oz/50 g/¼ šalice blagog smeđeg šećera

2,5 ml/½ žličice. žličica zlatnog sirupa (svijetli kukuruzni)

½ šalice/2 oz/50 g glatkog (višenamjenskog) brašna

Prstohvat soli

1 oz/25 g/¼ šalice valjane zobi

2,5 ml/½ žličice mljevene mješavine začina (kolač od jabuka)

2,5 ml/½ žličice praška za pecivo (natrij bikarbonat)

10 ml/2 žličice kipuće vode

Glazura od maslaca

Svinjsku mast, maslac ili margarin i šećer miksajte dok ne postane pjenasto. Dodajte sirup, zatim dodajte brašno, sol, zobene zobi i miješane začine i miješajte dok se dobro ne sjedini. Otopite sodu bikarbonu u vodi i miješajte dok ne nastane čvrsta pasta. Oblikujte 20 malih loptica jednake veličine i stavite ih u podmazane limove za pečenje s dovoljnim razmakom između njih. Lagano spljoštite dlanom. Pecite u prethodno zagrijanoj pećnici na 160°C/325°F/plinska oznaka 3 15 minuta. Ostavite da se ohladi na limovima za pečenje. Nakon što se ohladi, kolačić za sendvič ide s glazurom od putera.

kolačići s pijeskom

prije 48 godina

100g/4oz/½ šalice tvrdog ili mekog maslaca ili margarina

8 oz/225 g/1 šalica blagog smeđeg šećera

1 jaje, lagano tučeno

8 oz/2 šalice/225 g glatkog brašna (višenamjenskog)

Bjelanjke do smeđe boje

30 ml/2 žlice mljevenog kikirikija

Miksajte maslac ili margarin i šećer dok ne dobijete laganu, pahuljastu smjesu. Umutiti jaje, pa dodati brašno. Na malo pobrašnjenoj podlozi razvaljajte vrlo tanko i modlicom izrežite oblike. Kolačiće slažite u podmazan lim za pečenje, premažite površinu bjelanjkom i pospite kikirikijem. Pecite u prethodno zagrijanoj pećnici na 180°C/350°F/plinska oznaka 4 10 minuta dok ne porumene.

Kolačići od kiselog vrhnja

prije 24 godine

2 oz/50 g/¼ šalice maslaca ili margarina, omekšalog

6 oz/175 g/¾ šalice šećera u prahu (superfinog)

1 jaje

60 ml/4 žlice kiselog vrhnja (proizvod od kiselog mlijeka)

2,5 ml/½ žličice esencije vanilije (ekstrakt)

1¼ šalice/5 oz/150 g glatkog brašna (višenamjenskog)

2,5 ml/½ žličice praška za pecivo

75g/3oz/½ šalice grožđica

Miksajte maslac ili margarin i šećer dok ne dobijete laganu, pahuljastu smjesu. Postupno dodajte jaje, vrhnje i aromu vanilije. Pomiješajte brašno, prašak za pecivo i grožđice te umiješajte u smjesu dok se sve dobro ne sjedini. Zaobljene žličice smjese stavite na lagano namašćene limove za pečenje i pecite u prethodno zagrijanoj pećnici na 180°C/350°F/plin oznaka 4 dok ne porumene, oko 10 minuta.

Kolačići od smeđeg šećera

prije 24 godine

100g/4oz/½ šalice maslaca ili margarina, omekšalog

100g/4oz/½ šalice blagog smeđeg šećera

1 jaje, lagano tučeno

2,5 ml/1 žličica esencije vanilije (ekstrakt)

1¼ šalice/5 oz/150 g glatkog brašna (višenamjenskog)

2,5 ml/½ žličice praška za pecivo (natrij bikarbonat)

Prstohvat soli

3 oz/75 g/½ šalice grožđica (zlatne grožđice)

Miksajte maslac ili margarin i šećer dok ne dobijete laganu, pahuljastu smjesu. Postupno dodajte jaje i aromu vanilije. Dodajte preostale sastojke dok smjesa ne postane glatka. Stavite dobro odvojene okrugle žličice na malo podmazan lim za pečenje (lim za kolačiće). Pecite kekse u prethodno zagrijanoj pećnici na 180°C/350°F/plinska oznaka 4 12 minuta dok ne porumene.

Muškatni šećerni kolačići

prije 24 godine

2 oz/50 g/¼ šalice maslaca ili margarina, omekšalog

100 g/4 oz/½ šalice šećera u prahu (superfinog)

1 žumanjak

2,5 ml/½ žličice esencije vanilije (ekstrakt)

1¼ šalice/5 oz/150 g glatkog brašna (višenamjenskog)

5 ml/1 žličica praška za pecivo

Prstohvat naribanog muškatnog oraščića

60 ml/4 žlice kiselog vrhnja (proizvod od kiselog mlijeka)

Miksajte maslac ili margarin i šećer dok ne dobijete laganu, pahuljastu smjesu. Dodati žumanjke i aromu vanilije, zatim dodati brašno, prašak za pecivo i muškatni oraščić. Miješajte kremu dok ne postane glatka. Pokrijte i stavite u hladnjak na 30 minuta.

Razvaljajte tijesto na ¼/5 mm debljine i kalupom za kekse izrežite krugove od 2/5 cm. Stavite kekse na nepodmazan pleh i pecite u prethodno zagrijanoj pećnici na 200°C/400°F/plinska oznaka 6 10 minuta dok ne porumene.

pijesak

prije 8 godina

1¼ šalice/5 oz/150 g glatkog brašna (višenamjenskog)

Prstohvat soli

¼ šalice/1 oz/25 g rižinog brašna ili mljevene riže

2 oz/50 g/¼ šalice šećera u prahu (superfinog)

¼ šalice/4 oz/100 g tvrdog maslaca ili margarina, ohlađenog i naribanog

Pomiješajte brašno, sol i rižino brašno ili mljevenu rižu. Dodajte šećer, zatim puter ili margarin. Smjesu izradite vršcima prstiju dok ne nalikuje krušnim mrvicama. Utisnite u posudu za sendviče od 7 inča/18 cm i zagladite površinu. Sve izbockati vilicom i izrezati do dna na osam jednakih dijelova. Stavite u hladnjak na 1 sat.

Pecite u prethodno zagrijanoj pećnici na 150°C/300°F/plinska oznaka 2 1 sat dok se smjesa malo ne ljušti. Ostavite da se ohladi u kalupu prije nego što ga izvadite iz kalupa.

Božićni kolačići

prije 12 godina

175 g/¾ šalice maslaca ili margarina

2¼ šalice/9 oz/250 g glatkog brašna (višenamjensko brašno)

3 oz/75 g/1/3 šalice šećera u prahu (superfinog)

Za naslovnicu:

15 ml/1 žlica nasjeckanih badema

15 ml/1 žlica nasjeckanih oraha

30 ml/2 žlice grožđica

30 ml/2 žlice kandiranih višanja, nasjeckanih

ribana korica 1 limuna

15 ml/1 žlica šećera u prahu (superfinog) za posipanje

U brašno utrljajte maslac ili margarin dok smjesa ne podsjeća na krušne mrvice. Dodajte šećer. Utisnite smjesu u tijesto i mijesite dok ne postane glatko. Utisnite u podmazan kalup za roladu i zagladite površinu. Pomiješajte sastojke za nadjev i utisnite ih u tijesto. Zarežite 12 prstiju i zatim pecite u prethodno zagrijanoj pećnici na 180°C/350°F/plinska oznaka 4 30 minuta. Pospite šećerom u prahu, narežite na prste i ostavite da se ohladi u kalupu.

slatki kruh s medom

prije 12 godina

100g/4oz/½ šalice maslaca ili margarina, omekšalog

75 g meda

1¾ šalice/7 oz/200 g integralnog pšeničnog brašna (cjelovitog pšeničnog)

1 oz/25 g/¼ šalice smeđeg rižinog brašna

ribana korica 1 limuna

Pomiješajte maslac ili margarin i med dok ne postane glatko. Dodajte brašno i koricu limuna i izradite u glatku smjesu. Utisnuti u namašćen i pobrašnjen kalup za torte ili biskvite promjera 18 cm i izbockati vilicom. Izrežite na 12 dijelova i preklopite rubove. Stavite u hladnjak na 1 sat.

Pecite u prethodno zagrijanoj pećnici na 150°C/300°F/plinska oznaka 2 40 minuta dok ne porumene. Izrežite na označene komade i ostavite da se ohlade u kalupu.

Kolačići s limunovim maslacem

prije 12 godina

1 šalica/4 oz/100 g glatkog brašna (višenamjenskog)

50 g/2 oz/½ šalice kukuruznog brašna (kukuruzni škrob)

100g/4oz/½ šalice maslaca ili margarina, omekšalog

2 oz/50 g/¼ šalice šećera u prahu (superfinog)

ribana korica 1 limuna

Šećer u prahu (superfini) za posipanje

Prosijte zajedno brašno i kukuruzni škrob. Istucite maslac ili margarin dok ne postane glatko, zatim umiješajte šećer u prahu dok smjesa ne postane svijetla i pjenasta. Dodajte koricu limuna i zatim tucite smjesu brašna dok se dobro ne sjedini. Prhko tijesto rastanjite u krug 8/20 cm i stavite u podmazan pleh. Sve izbockati vilicom i zarezati rubove. Izrežite na 12 komada i pospite šećerom u prahu. Pustite da se ohladi u hladnjaku 15 minuta. Pecite u prethodno zagrijanoj pećnici na 160°C/325°F/plinska oznaka 3 35 minuta dok ne porumene. Ostavite da se ohladi na limu za pečenje 5 minuta prije nego što ga prebacite na rešetku da se ohladi.

Slatki kruh s mljevenim mesom

prije 8 godina

¾ šalice/6 oz/175 g maslaca ili margarina, omekšalog

2 oz/50 g/¼ šalice šećera u prahu (superfinog)

8 oz/2 šalice/225 g glatkog brašna (višenamjenskog)

60 ml/4 žlice mljevenog mesa

Miksajte maslac ili margarin i šećer dok ne postane glatko. Umiješajte brašno, pa mljeveno meso. Utisnite u kalup za sendviče od 23 cm/7 inča i zagladite površinu. Sve izbockajte vilicom i izrežite osam segmenata do dna. Stavite u hladnjak na 1 sat.

Pecite u prethodno zagrijanoj pećnici na 160°C/325°F/plinska oznaka 3 1 sat dok se smjesa malo ne ljušti. Ostavite da se ohladi u kalupu prije nego što ga izvadite iz kalupa.

Keksići od pecan pecana

prije 12 godina

100g/4oz/½ šalice maslaca ili margarina, omekšalog

2 oz/50 g/¼ šalice šećera u prahu (superfinog)

1 šalica/4 oz/100 g glatkog brašna (višenamjenskog)

2 oz/50 g/½ šalice mljevene riže

50 g/½ šalice badema, sitno nasjeckanih

Miksajte maslac ili margarin i šećer dok ne dobijete laganu, pahuljastu smjesu. Pomiješajte brašno i mljevenu rižu. Dodajte orahe i miješajte dok se ne dobije čvrsto tijesto. Lagano mijesite dok ne nastane glatka smjesa. Pritisnite na dno podmazanog kalupa za roladu sa želeom i zagladite površinu. Sve izbockajte vilicom. Pecite u prethodno zagrijanoj pećnici na 160°C/325°F/plinska oznaka 3 45 minuta, dok lagano ne porumene. Pustite da se ohladi u tepsiji 10 minuta, a zatim narežite na prste. Ostavite u kalupu dok se potpuno ne ohladi prije nego što ga izvadite iz kalupa.

Keksići od naranče

prije 12 godina

1 šalica/4 oz/100 g glatkog brašna (višenamjenskog)

50 g/2 oz/½ šalice kukuruznog brašna (kukuruzni škrob)

100g/4oz/½ šalice maslaca ili margarina, omekšalog

2 oz/50 g/¼ šalice šećera u prahu (superfinog)

naribana kora 1 naranče

Šećer u prahu (superfini) za posipanje

Prosijte zajedno brašno i kukuruzni škrob. Istucite maslac ili margarin dok ne postane glatko, zatim umiješajte šećer u prahu dok smjesa ne postane svijetla i pjenasta. Dodajte narančinu koricu i zatim tucite smjesu brašna dok se dobro ne sjedini. Prhko tijesto rastanjite u krug 8/20 cm i stavite u podmazan pleh. Sve izbockati vilicom i zarezati rubove. Izrežite na 12 komada i pospite šećerom u prahu. Pustite da se ohladi u hladnjaku 15 minuta. Pecite u prethodno zagrijanoj pećnici na 160°C/325°F/plinska oznaka 3 35 minuta dok ne porumene. Ostavite da se ohladi na limu za pečenje 5 minuta prije nego što ga prebacite na rešetku da se ohladi.

Bogatašev slatki kruh

prije 36 godina

Za bazu:

8 oz/225 g/1 šalica maslaca ili margarina

10 oz/275 g/2½ šalice glatkog (višenamjenskog) brašna

100 g/4 oz/½ šalice šećera u prahu (superfinog)

Za nadjev:

8 oz/225 g/1 šalica maslaca ili margarina

8 oz/225 g/1 šalica blagog smeđeg šećera

60 ml/4 žlice zlatnog sirupa (svijetli kukuruzni)

14 oz/400 g konzerviranog kondenziranog mlijeka

Nekoliko kapi esencije vanilije (ekstrakt)

Za naslovnicu:

8 oz/225 g/2 šalice tamne čokolade (poluslatke)

Za podlogu u brašno utrljati maslac ili margarin pa dodati šećer i zamijesiti čvrstu smjesu. Pritisnite na dno podmazanog kalupa za roladu od želea obloženog folijom. Pecite u prethodno zagrijanoj pećnici na 180°C/350°F/plinska oznaka 4 35 minuta dok ne porumene. Ostavite da se ohladi u limu.

Za izradu nadjeva u tavi na laganoj vatri uz stalno miješanje otopite maslac ili margarin, šećer, sirup i kondenzirano mlijeko. Pustite da zavrije i zatim kuhajte uz stalno miješanje 7 minuta. Maknite s vatre, dodajte esenciju vanilije i dobro promiješajte. Prelijte preko podloge i ostavite da se ohladi i stegne.

Otopite čokoladu u zdjeli otpornoj na toplinu iznad posude s ključalom vodom. Premažite sloj karamela i vilicom označite uzorke. Ostavite da se ohladi i odmori, a zatim narežite na kvadrate.

Kolačići od cjelovitih zobenih pahuljica

prije 10 godina

100 g putera ili margarina

1¼ šalice/5 oz/150 g integralnog pšeničnog brašna (cjelovitog pšeničnog)

1 oz/25 g/¼ šalice zobenog brašna

2 oz/50 g/¼ šalice blagog smeđeg šećera

Maslac ili margarin utrljajte u brašno dok smjesa ne bude poput krušnih mrvica. Dodajte šećer i lagano miješajte dok ne dobijete glatko, mrvičasto tijesto. Razvaljajte na lagano pobrašnjenoj površini na oko 1/2 cm debljine i kalupom za kekse izrežite krugove od 2/5 cm. Pažljivo stavite u podmazan pleh (biskvit) i pecite u prethodno zagrijanoj pećnici na 150°C/300°F/plin stupanj 3 oko 40 minuta dok ne porumene i ne postanu čvrsti.

Bademovi kovitlaci

prije 16 godina

¾ šalice/6 oz/175 g maslaca ili margarina, omekšalog

2 oz/50 g/1/3 šalice šećera u prahu, prosijanog

2,5 ml/½ žličice esencije badema (ekstrakt)

1½ šalice/6 oz/175 g glatkog brašna (višenamjenskog)

8 ušećerenih trešanja (ušećerenih), prepolovljenih ili na četvrtine

Šećer u prahu (šećer u prahu), prosijan, za posipanje

Maslac ili margarin i šećer miksati dok ne postane kremasto. Pomiješajte esenciju badema i brašno. Ulijte smjesu u vrećicu s velikom zvjezdastom mlaznicom (vrhom). U podmazan pleh stavite 16 pljosnatih savijača. Svaku ukrasite kriškom trešnje. Pecite u prethodno zagrijanoj pećnici na 160°C/325°F/plinska oznaka 3 20 minuta dok ne porumene. Ostavite da se ohladi na plehu 5 minuta, zatim stavite na rešetku i pospite šećerom u prahu.

Čokoladni beze kolačići

prije 24 godine

100g/4oz/½ šalice maslaca ili margarina, omekšalog

5 ml/1 žličica esencije vanilije (ekstrakt)

4 bjelanjka

1¾ šalice/7 oz/200 g glatkog brašna (višenamjenskog)

2 oz/50 g/¼ šalice šećera u prahu (superfinog)

45 ml/3 žlice kakaa u prahu (nezaslađena čokolada)

4 oz/100 g/2/3 šalice šećera u prahu (šećera u prahu), prosijanog

Izmiksajte maslac ili margarin, aromu vanilije i snijeg od dva bjelanjka. Pomiješajte brašno, šećer i kakao te postupno dodajte u smjesu s maslacem. Utisnite u podmazanu četvrtastu posudu za pečenje (30 cm/12 inča). Preostali bjelanjak pomiješajte sa šećerom u prahu i namažite po vrhu. Pecite u prethodno zagrijanoj pećnici na 190°C/375°F/plinska oznaka 5 20 minuta dok ne porumene. Narežite na štanglice.

Kolačići

Prije otprilike 12 godina

100g/4oz/½ šalice maslaca ili margarina, omekšalog

100 g/4 oz/½ šalice šećera u prahu (superfinog)

1 razmućeno jaje

8 oz/2 šalice/225 g glatkog brašna (višenamjenskog)

Malo ribiza i ušećerenih višanja (ušećerenih)

Maslac ili margarin i šećer miksati dok ne postane kremasto. Malo po malo dodajte jaje i dobro promiješajte. Metalnom žlicom umiješajte brašno. Raširite smjesu na lagano pobrašnjenu površinu dok ne postane debljine oko ¼/5 mm. Izrežite osobe modlicom za kekse ili nožem i ponovno razvaljajte izreze dok ne potrošite svo tijesto. Stavite u podmazan pleh i istisnite ribizle za oči i gumbe. Izrežite ploške trešnje za usta. Pecite kekse u prethodno zagrijanoj pećnici na 190°C/375°F/plinska oznaka 5 10 minuta dok ne porumene. Ostavite da se ohladi na rešetki.

Sladoledna torta od đumbira

Za dvije torte od 20 cm

Za tortu:

8 oz/225 g/1 šalica maslaca ili margarina, omekšalog

100 g/4 oz/½ šalice šećera u prahu (superfinog)

10 oz/275 g/2½ šalice glatkog (višenamjenskog) brašna

10 ml/2 žličice praška za pecivo

10 ml/2 žličice mljevenog đumbira

Za glazuru (glazuru):

2 oz/50 g/¼ šalice maslaca ili margarina

15 ml/1 žlica zlatnog sirupa (svijetli kukuruz)

4 oz/100 g/2/3 šalice šećera u prahu (šećera u prahu), prosijanog

5 ml/1 žličica mljevenog đumbira

Za biskvit pjenasto miksajte maslac ili margarin i šećer dok ne dobijete rahlu smjesu. Preostale sastojke za prhko tijesto umijesiti u tijesto, smjesu prepoloviti i izliti u dva namašćena kalupa za sendviče od 20 cm. Pecite u prethodno zagrijanoj pećnici na 160°C/325°F/plinska oznaka 3 40 minuta.

Za glazuru u tavi otopiti maslac ili margarin i sirup. Dodajte šećer u prahu i đumbir i dobro promiješajte. Prelijte preko oba kolača, ostavite da se ohlade pa narežite na četvrtine.

Shrewsbury keksi

prije 24 godine

100g/4oz/½ šalice maslaca ili margarina, omekšalog

100 g/4 oz/½ šalice šećera u prahu (superfinog)

1 žumanjak

8 oz/2 šalice/225 g glatkog brašna (višenamjenskog)

5 ml/1 žličica praška za pecivo

5 ml/1 žličica naribane kore limuna

Miksajte maslac ili margarin i šećer dok ne dobijete laganu, pahuljastu smjesu. Postepeno dodavati žumanjke, zatim dodati brašno, prašak za pecivo i koricu limuna i sve izraditi rukama dok se ne dobije jednolična masa. Razvaljajte na ¼/5 mm debljine i kalupom za kekse izrežite krugove 2¼/6 cm. Stavite kolačiće u podmazan lim za pečenje s dovoljnim razmakom između njih i izbodite ih vilicom. Pecite u prethodno zagrijanoj pećnici na 180°C/350°F/plinska oznaka 4 15 minuta dok ne porumene.

Španjolski pikantni kolačići

prije 16 godina

90 ml/6 žlica maslinovog ulja

100g/4oz/½ šalice granuliranog šećera

1 šalica/4 oz/100 g glatkog brašna (višenamjenskog)

15 ml/1 žlica praška za pecivo

10 ml/2 žličice mljevenog cimeta

3 jaja

ribana korica 1 limuna

30 ml/2 žlice prosijanog šećera u prahu

Zagrijte ulje u manjem loncu. Pomiješajte šećer, brašno, prašak za pecivo i cimet. U drugoj zdjeli istucite jaja i koricu limuna dok ne postane pjenasto. Dodajte suhe sastojke i ulje dok ne dobijete glatku smjesu. Izlijte tijesto u dobro namašćen kalup za žele i pecite u prethodno zagrijanoj pećnici na 180°C/350°F/plinska oznaka 4 30 minuta dok ne porumeni. Izvadite iz kalupa, ostavite da se ohlade, pa režite na trokute i pospite kolačiće šećerom u prahu.

starinski kolačići sa začinima

prije 24 godine

3 oz/75 g/1/3 šalice maslaca ili margarina

2 oz/50 g/¼ šalice šećera u prahu (superfinog)

45 ml/3 žlice crne melase (melase)

¾ šalice/6 oz/175 g glatkog brašna (višenamjenskog)

5 ml/1 žličica mljevenog cimeta

5 ml / 1 žličica. 1/2 žličice mljevene mješavine začina (pita od jabuka)

2,5 ml/½ žličice mljevenog đumbira

2,5 ml/½ žličice praška za pecivo (natrij bikarbonat)

Na laganoj vatri otopite maslac ili margarin, šećer i melasu. U zdjeli pomiješajte brašno, začine i prašak za pecivo. Dodajte smjesu melase i miješajte dok se dobro ne sjedini. Sve miješajte dok ne postane glatko i oblikujte male kuglice. Slagati u podmazanu tepsiju s dovoljnim razmakom između njih i pritisnuti vilicom. Pecite kekse u prethodno zagrijanoj pećnici na 180°C/350°F/plinska oznaka 4 12 minuta, dok ne postanu čvrsti i ne porumene.

Zgrada Molasses

prije 24 godine

3 oz/75 g/1/3 šalice maslaca ili margarina, omekšalog

100g/4oz/½ šalice blagog smeđeg šećera

1 žumanjak

30 ml/2 žlice crne melase (sirup)

1 šalica/4 oz/100 g glatkog brašna (višenamjenskog)

5 ml/1 žličica sode bikarbone (natrij bikarbona)

Prstohvat soli

5 ml/1 žličica mljevenog cimeta

2,5 ml/½ žličice mljevenog klinčića

Miksajte maslac ili margarin i šećer dok ne dobijete laganu, pahuljastu smjesu. Postupno dodajte žumanjke i melasu. Pomiješajte brašno, sodu bikarbonu, sol i začine te umiješajte u smjesu. Pokrijte i ohladite.

Smjesu razvaljajte u kuglice od 3cm i stavite u podmazan pleh. Pecite kekse u prethodno zagrijanoj pećnici na 180°C/350°F/plinska oznaka 4 10 minuta, dok se ne stegne.

Kolačići od melase, marelice i oraha

Prije otprilike 24 godine

2 oz/50 g/¼ šalice maslaca ili margarina

2 oz/50 g/¼ šalice šećera u prahu (superfinog)

2 oz/50 g/¼ šalice blagog smeđeg šećera

1 jaje, lagano tučeno

2,5 ml/½ žličice praška za pecivo (natrij bikarbonat)

30 ml/2 žlice mlake vode

45 ml/3 žlice crne melase (melase)

25 g gotovih suhih marelica, nasjeckanih

¼ šalice/1 oz/25 g nasjeckanih miješanih orašastih plodova

1 šalica/4 oz/100 g glatkog brašna (višenamjenskog)

Prstohvat soli

Prstohvat mljevenog klinčića

Miksajte maslac ili margarin i šećer dok ne dobijete laganu, pahuljastu smjesu. Malo po malo dodajte jaje. Pomiješajte sodu bikarbonu s vodom i dodajte preostale sastojke. Žličnjake stavite na podmazan pleh i pecite u prethodno zagrijanoj pećnici na 180°C/350°F/plinska oznaka 4 10 minuta.

Kolačići od melase od mlaćenice

prije 24 godine

2 oz/50 g/¼ šalice maslaca ili margarina, omekšalog

2 oz/50 g/¼ šalice blagog smeđeg šećera

150 ml/¼ pt/2/3 šalice melase (melase)

150 ml/¼ pt/2/3 šalice mlaćenice

1½ šalice/6 oz/175 g glatkog brašna (višenamjenskog)

2,5 ml/½ žličice praška za pecivo (natrij bikarbonat)

Umutite maslac ili margarin i šećer dok ne postanu pjenasti, zatim umiješajte melasu i mlaćenicu naizmjenično s brašnom i praškom za pecivo. Velike žličnjake stavite na podmazan pleh i pecite u prethodno zagrijanoj pećnici na 190°C/375°F/plinska oznaka 5 10 minuta.

Kolačići od melase i kave

prije 24 godine

60 g/2½ oz/1/3 šalice masti (masina od povrća)

2 oz/50 g/¼ šalice blagog smeđeg šećera

3 oz/75 g/¼ šalice crne melase (melase)

2,5 ml/½ žličice esencije vanilije (ekstrakt)

1¾ šalice/7 oz/200 g glatkog brašna (višenamjenskog)

5 ml/1 žličica sode bikarbone (natrij bikarbona)

Prstohvat soli

2,5 ml/½ žličice mljevenog đumbira

2,5 ml/½ žličice mljevenog cimeta

60 ml/4 žlice hladne crne kave

Miješajte mast i šećer dok smjesa ne postane svijetla i pjenasta. Dodajte melasu i aromu vanilije. Pomiješajte brašno, prašak za pecivo, sol i začine i umiješajte u smjesu naizmjenično s kavom. Pokrijte i stavite u hladnjak na nekoliko sati.

Razvaljajte tijesto na ¼/5 mm debljine i kalupom za kekse izrežite krugove od 2/5 cm. Stavite kolačiće na nepodmazan pleh i pecite u prethodno zagrijanoj pećnici na 190°C/375°F/plinska oznaka 5 10 minuta, dok ne postanu čvrsti na dodir.

Kolačići od melase i datulja

Prije otprilike 24 godine

2 oz/50 g/¼ šalice maslaca ili margarina, omekšalog

2 oz/50 g/¼ šalice šećera u prahu (superfinog)

2 oz/50 g/¼ šalice blagog smeđeg šećera

1 jaje, lagano tučeno

2,5 ml/½ žličice praška za pecivo (natrij bikarbonat)

30 ml/2 žlice mlake vode

45 ml/3 žlice crne melase (melase)

¼ šalice/1 oz/25 g datulja bez koštica, nasjeckanih

1 šalica/4 oz/100 g glatkog brašna (višenamjenskog)

Prstohvat soli

Prstohvat mljevenog klinčića

Miksajte maslac ili margarin i šećer dok ne dobijete laganu, pahuljastu smjesu. Malo po malo dodajte jaje. Pomiješajte sodu bikarbonu s vodom i dodajte je u smjesu s preostalim sastojcima. Žličnjake stavite na podmazan pleh i pecite u prethodno zagrijanoj pećnici na 180°C/350°F/plinska oznaka 4 10 minuta.

Medenjaci od melase

prije 24 godine

2 oz/50 g/¼ šalice maslaca ili margarina, omekšalog

2 oz/50 g/¼ šalice blagog smeđeg šećera

150 ml/¼ pt/2/3 šalice melase (melase)

150 ml/¼ pt/2/3 šalice mlaćenice

1½ šalice/6 oz/175 g glatkog brašna (višenamjenskog)

2,5 ml/½ žličice praška za pecivo (natrij bikarbonat)

2,5 ml/½ žličice mljevenog đumbira

1 jaje, tučeno, za glazuru

Umutite maslac ili margarin i šećer dok ne postanu pjenasti, zatim umiješajte melasu i mlaćenicu naizmjenično s brašnom, praškom za pecivo i mljevenim đumbirom. Velike žličnjake stavite na namašćen lim za pečenje i premažite površinu razmućenim jajetom. Pecite u prethodno zagrijanoj pećnici na 190°C/375°F/plinska oznaka 5 10 minuta.

Kolačići od vanilije

prije 24 godine

150g/2/3 šalice maslaca ili margarina, omekšalog

100 g/4 oz/½ šalice šećera u prahu (superfinog)

1 razmućeno jaje

8 oz/225 g/2 šalice samodižućeg brašna

Prstohvat soli

10 ml/2 žličice esencije vanilije (ekstrakt)

Glazirane višnje (ušećerene) za dekoraciju

Miksajte maslac ili margarin i šećer dok ne dobijete laganu, pahuljastu smjesu. Postupno dodajte jaje, zatim dodajte brašno, sol i aromu vanilije i miješajte dok ne postane glatko. Sve mijesite dok ne postane glatko. Zamotajte ga u prozirnu foliju (plastičnu foliju) i ostavite da se ohladi 20 minuta.

Tijesto tanko razvaljajte i modlicom za kekse izrežite krugove. Ređati u podmazan pleh (kolačiće) i na svaki staviti po jednu višnju. Pecite kekse u prethodno zagrijanoj pećnici na 180°C/350°F/plinska oznaka 4 10 minuta dok ne porumene. Ostavite da se ohladi na limu za pečenje 10 minuta prije nego što ga prebacite na rešetku da se ohladi.

Kolačići od oraha

prije 36 godina

100g/4oz/½ šalice maslaca ili margarina, omekšalog

100g/4oz/½ šalice blagog smeđeg šećera

100 g/4 oz/½ šalice šećera u prahu (superfinog)

1 veće jaje, lagano tučeno

1¾ šalice/7 oz/200 g glatkog brašna (višenamjenskog)

5 ml/1 žličica praška za pecivo

2,5 ml/½ žličice praška za pecivo (natrij bikarbonat)

120 ml/4 oz/½ šalice mlaćenice

50 g/½ šalice nasjeckanih oraha

Maslac ili margarin i šećer miksati dok ne postane kremasto. Postupno dodajte jaje pa naizmjenično dodajte brašno, prašak za pecivo i sodu bikarbonu s mlaćenicom. Dodajte orahe. Male žličnjake stavite u podmazan pleh i pecite u prethodno zagrijanoj pećnici na 190°C/375°F/plinska oznaka 5 10 minuta.

Hrskavi kolačići

prije 24 godine

1 oz/25 g svježeg kvasca ili 2½ žlice/40 ml suhog kvasca

450 ml/¾ pt/2 šalice vrućeg mlijeka

2 funte/8 šalica običnog jakog brašna (za kruh).

¾ šalice/6 oz/175 g maslaca ili margarina, omekšalog

30 ml/2 žlice svijetlog meda

2 razmućena jaja

Razmućeno jaje za glazuru

Kvasac pomiješajte s malo mlakog mlijeka i ostavite na toplom 20 minuta. Stavite brašno u zdjelu i utrljajte maslac ili margarin. Pomiješajte smjesu s kvascem, preostalim toplim mlijekom, medom i jajima i miješajte dok smjesa ne postane glatka. Mijesite na lagano pobrašnjenoj površini dok ne bude glatko i elastično. Stavite u nauljenu posudu, prekrijte nauljenom prozirnom folijom (plastičnom folijom) i ostavite na toplom 1 sat dok ne udvostruči volumen.

Ponovo premijesite pa oblikujte dugačke pljosnate kiflice i stavite u podmazan pleh. Prekriti nauljenom prozirnom folijom i ostaviti da se diže na toplom 20 minuta.

Premažite razmućenim jajetom i pecite u prethodno zagrijanoj pećnici na 200°C/400°F/plinska oznaka 6 20 minuta. Pustite da se ohladi preko noći.

Izrežite na tanke ploške i ponovno pecite u prethodno zagrijanoj pećnici na 150°C/300°F/plinska oznaka 2 30 minuta, dok ne postanu hrskavi i zlatno smeđi.

Kolačići sa sirom Cheddar

prije 12 godina

2 oz/50 g/¼ šalice maslaca ili margarina

1¾ šalice/7 oz/200 g glatkog brašna (višenamjenskog)

15 ml/1 žlica praška za pecivo

Prstohvat soli

2 oz/50 g/½ šalice cheddar sira, naribanog

175 ml/6 tečnih oz/¾ šalice mlijeka

Maslac ili margarin utrljajte u brašno, prašak za pecivo i sol dok smjesa ne bude poput krušnih mrvica. Dodajte sir i zatim umiješajte dovoljno mlijeka da dobijete glatku pastu. Razvaljajte na lagano pobrašnjenoj površini na oko ¾/2 cm debljine i izrežite na ploške kalupom za kekse. Stavite na nepodmazan pleh i pecite u prethodno zagrijanoj pećnici na 200°C/400°F/plinska oznaka 6 15 minuta dok ne porumene.

Krekeri od plavog sira

prije 12 godina

2 oz/50 g/¼ šalice maslaca ili margarina

1¾ šalice/7 oz/200 g glatkog brašna (višenamjenskog)

15 ml/1 žlica praška za pecivo

2 oz/50 g/½ šalice Stilton sira, naribanog ili izmrvljenog

175 ml/6 tečnih oz/¾ šalice mlijeka

U brašno i prašak za pecivo utrljajte maslac ili margarin dok smjesa ne bude poput krušnih mrvica. Dodajte sir i zatim umiješajte dovoljno mlijeka da dobijete glatku pastu. Razvaljajte na lagano pobrašnjenoj površini na oko ¾/2 cm debljine i izrežite na ploške kalupom za kekse. Stavite na nepodmazan pleh i pecite u prethodno zagrijanoj pećnici na 200°C/400°F/plinska oznaka 6 15 minuta dok ne porumene.

Krekeri od sira i sezama

prije 24 godine

3 oz/75 g/1/3 šalice maslaca ili margarina

¾ šalice/3 oz/75 g integralnog pšeničnog brašna (cjelovitog pšeničnog)

3 oz/75 g/¾ šalice cheddar sira, naribanog

30 ml/2 žlice sjemenki sezama

Sol i svježe mljeveni crni papar

1 razmućeno jaje

U brašno utrljajte maslac ili margarin dok smjesa ne podsjeća na krušne mrvice. Dodajte sir i polovicu sjemenki sezama te začinite solju i paprom. Pritisnite zajedno dok se ne formira čvrsto tijesto. Razvaljajte tijesto na lagano pobrašnjenoj površini dok ne bude debljine oko 5 mm i kalupom za kekse izrežite krugove. Krekere stavite u namašćen lim za pečenje, premažite jajetom i pospite preostalim sjemenkama sezama. Pecite u prethodno zagrijanoj pećnici na 190°C/375°F/plinska oznaka 5 10 minuta dok ne porumene.

Sirni štapići

prije 16 godina

225 g lisnatog tijesta

1 razmućeno jaje

100g/1 šalica oštrog sira ili cheddar sira, naribanog

15 ml/1 žlica ribanog parmezana

Sol i svježe mljeveni crni papar

Razvaljajte tijesto (rezance) na oko ¼/5 mm debljine i obilato premažite razmućenim jajetom. Pospite sirom i začinite solju i paprom. Rezati na trakice i pažljivo uvijati trakice u spirale. Stavite na navlaženu tepsiju i pecite u prethodno zagrijanoj pećnici na 220°C/425°F/plinska oznaka 7 oko 10 minuta, dok smjesa ne porumeni.

Krekeri od sira i rajčice

prije 12 godina

2 oz/50 g/¼ šalice maslaca ili margarina

1¾ šalice/7 oz/200 g glatkog brašna (višenamjenskog)

15 ml/1 žlica praška za pecivo

Prstohvat soli

2 oz/50 g/½ šalice cheddar sira, naribanog

15 ml/1 žlica paste od rajčice (pasta)

150 ml/¼ pt/2/3 šalice mlijeka

Maslac ili margarin utrljajte u brašno, prašak za pecivo i sol dok smjesa ne bude poput krušnih mrvica. Dodajte sir, zatim umiješajte pire od rajčice i dovoljno mlijeka da dobijete glatku pastu. Razvaljajte na lagano pobrašnjenoj površini na oko ¾/2 cm debljine i izrežite na ploške kalupom za kekse. Stavite na nepodmazan pleh i pecite u prethodno zagrijanoj pećnici na 200°C/400°F/plinska oznaka 6 15 minuta dok ne porumene.

Zalogaji od kozjeg sira

prije 30 godina

2 lista smrznutog filo tijesta (tjestenina), odmrznuta

2 oz/50 g/¼ šalice neslanog maslaca, otopljenog

50 g/½ šalice kozjeg sira narezanog na kockice

5 ml/1 žličica Provansalskog bilja

Jedan list filo tijesta premažite otopljenim maslacem, na njega stavite drugi list i premažite maslacem. Izrežite na 30 jednakih kvadrata, na svaki stavite komad sira i pospite začinskim biljem. Spojite uglove i zavrnite da se zapečate. Zatim ih ponovno premažite otopljenim maslacem. Stavite na podmazan pleh (biskvit) i pecite u prethodno zagrijanoj pećnici na 180°C/350°F/plinska oznaka 4 10 minuta dok ne postanu hrskavi i zlatno smeđi.

Rolice od šunke i senfa

prije 16 godina

225 g lisnatog tijesta

30 ml/2 žlice francuskog senfa

100g/1 šalica kuhane šunke, nasjeckane

Sol i svježe mljeveni crni papar

Razvaljajte tijesto (jufku) na debljinu oko ¼/5 mm. Premažite senfom, zatim pospite šunkom i začinite solju i paprom. Razvaljajte tijesto u duguljasti oblik kobasice, zatim ga narežite na kriške od 1/2 inča i stavite na navlaženi lim za pečenje. Pecite u prethodno zagrijanoj pećnici na 220°C/425°F/plinska oznaka 7 oko 10 minuta, dok smjesa ne porumeni.

Keksi od šunke i paprike

prije 30 godina

8 oz/2 šalice/225 g glatkog brašna (višenamjenskog)

15 ml/1 žlica praška za pecivo

5 ml/1 žličica suhe majčine dušice

5 ml/1 žličica šećera u prahu (superfinog)

2,5 ml/½ žličice mljevenog đumbira

Prstohvat naribanog muškatnog oraščića

Prstohvat sode bikarbone (soda bikarbona)

Sol i svježe mljeveni crni papar

2 oz/50 g/¼ šalice masti (masina od povrća)

2 oz/50 g/½ šalice kuhane šunke, nasjeckane

30 ml/2 žlice sitno sjeckane zelene paprike

175 ml/6 tečnih oz/¾ šalice mlaćenice

Pomiješajte brašno, prašak za pecivo, timijan, šećer, đumbir, muškatni oraščić, sodu bikarbonu, sol i papar. Utrljajte biljnu mast dok smjesa ne nalikuje krušnim mrvicama. Dodajte šunku i papar. Postupno dodajte mlaćenicu i miješajte dok ne postane glatka. Mijesite na lagano pobrašnjenoj površini nekoliko sekundi dok ne postane glatko. Razvaljajte ¾/2 cm debljine i kalupom za kekse režite na ploške. Stavite kekse na podmazan lim za pečenje (tepsiju za biskvite) dobro razmaknute i pecite u prethodno zagrijanoj pećnici na 220°C/425°F/plinska oznaka 7 12 minuta, dok ne postanu rahli i zlatno smeđi.

Jednostavni kolačići sa začinskim biljem

prije 8 godina

8 oz/2 šalice/225 g glatkog brašna (višenamjenskog)

15 ml/1 žlica praška za pecivo

5 ml/1 žličica šećera u prahu (superfinog)

2,5 ml/½ žličice soli

2 oz/50 g/¼ šalice maslaca ili margarina

15 ml/1 žlica nasjeckanog svježeg vlasca

prstohvat paprike

svježe mljeveni crni papar

45 ml/3 žlice mlijeka

45 ml/3 žlice vode

Pomiješajte brašno, prašak za pecivo, šećer i sol. Utrljajte maslac ili margarin dok smjesa ne podsjeća na krušne mrvice. Pomiješajte vlasac, papriku i papar po ukusu. Dodajte mlijeko i vodu i miješajte dok ne postane glatko. Mijesite dok ne bude glatko na lagano pobrašnjenoj radnoj površini, zatim razvaljajte na ¾/2 cm debljine i izrežite na ploške kalupom za kekse. Krekere dobro razmaknite na podmazan lim za pečenje i pecite u prethodno zagrijanoj pećnici na 200°C/400°F/plin 6 15 minuta, dok ne napuhnu i porumene.

Indijski kolačići

za 4 osobe

1 šalica/4 oz/100 g glatkog brašna (višenamjenskog)

100 g/1 šalica krupice (pšenične kaše)

6 oz/175 g/¾ šalice šećera u prahu (superfinog)

3 oz/75 g/¾ šalice grama brašna

¾ šalice/6 oz/175 g maslaca

Pomiješajte sve sastojke u zdjeli i trljajte ih dlanovima dok ne dobijete čvrsto tijesto. Ako je smjesa presuha, možda će vam trebati malo više gheeja. Oblikujte male loptice i utisnite ih u oblike keksa (oblice za krekere). Stavite na podmazan lim za pečenje obložen keksima i pecite u prethodno zagrijanoj pećnici na 150°C/300°F/plinska oznaka 2 30-40 minuta dok lagano ne porumene. Prilikom pečenja kolačića mogu se pojaviti sitne pukotine.

Prhko tijesto od lješnjaka i ljutike

prije 12 godina

3 oz/75 g/1/3 šalice maslaca ili margarina, omekšalog

1½ šalice/6 oz/175 g integralnog pšeničnog brašna (cjelovitog pšeničnog)

10 ml/2 žličice praška za pecivo

1 ljutika, sitno nasjeckana

50 g/½ šalice nasjeckanih lješnjaka

10 ml/2 žličice paprike

15 ml/1 žlica hladne vode

U brašno i prašak za pecivo utrljajte maslac ili margarin dok smjesa ne bude poput krušnih mrvica. Dodajte ljutiku, lješnjake i papriku. Dodajte hladnu vodu i cijedite dok se ne formira pasta. Razvaljajte ga, utisnite u kalup za roladu od želea veličine 30 x 20 cm (12 x 8 inča) i izbockajte ga vilicom. Oznake na prstima. Pecite u prethodno zagrijanoj pećnici na 200°C/400°F/plinska oznaka 6 10 minuta dok ne porumene.

Krekeri od lososa i kopra

prije 12 godina

8 oz/2 šalice/225 g glatkog brašna (višenamjenskog)

5 ml/1 žličica šećera u prahu (superfinog)

2,5 ml/½ žličice soli

20 ml/4 žličice praška za pecivo

100 g putera ili margarina, narezanog na kockice

90 ml/6 žlica vode

90ml/6 žlica mlijeka

4 oz/100 g/1 šalica ostataka dimljenog lososa, narezanog na kockice

60 ml/4 žlice nasjeckanog svježeg kopra (kopar)

Pomiješajte brašno, šećer, sol i prašak za pecivo, zatim umiješajte maslac ili margarin dok smjesa ne bude poput krušnih mrvica. Postupno dodajte mlijeko i vodu i miješajte dok smjesa ne postane glatka. Umiješajte losos i kopar i miješajte dok ne postane glatko. Razvaljajte 2,5 cm debljine i kalupom za kekse režite na ploške. Biskvite (krekere) dobro razmaknute u podmazan lim za pečenje (biskvit) i pecite u prethodno zagrijanoj pećnici na 220°C/425°F/plinska oznaka 7 15 minuta, dok ne porumene i porumene.

Soda kolačići

prije 12 godina

45 ml/3 žlice masti (biljnog masti)

8 oz/2 šalice/225 g glatkog brašna (višenamjenskog)

5 ml/1 žličica sode bikarbone (natrij bikarbona)

5 ml/1 žličica kreme od zubnog kamenca

Prstohvat soli

250 ml/8 oz/1 šalica mlaćenice

Pomiješajte brašno, prašak za pecivo, tartar i sol sa svinjskom mašću dok smjesa ne bude nalik na krušne mrvice. Dodajte mlijeko i miješajte dok ne postane glatko. Na malo pobrašnjenoj površini razvaljajte 1/2 cm debljine i izrežite kalupom za kekse. Krekere stavite na podmazan lim za pečenje i pecite u prethodno zagrijanoj pećnici na 230°C/450°F/plinska oznaka 8 10 minuta dok ne porumene.

Mlinci za rajčice i parmezan

prije 16 godina

225 g lisnatog tijesta

30 ml/2 žlice paste od rajčice (pasta)

100 g/1 šalica naribanog parmezana

Sol i svježe mljeveni crni papar

Razvaljajte tijesto (jufku) na debljinu oko ¼/5 mm. Premažite pireom od rajčice, zatim pospite sirom i začinite solju i paprom. Razvaljajte tijesto u duguljasti oblik kobasice, zatim ga narežite na kriške od 1/2 inča i stavite na navlaženi lim za pečenje. Pecite u prethodno zagrijanoj pećnici na 220°C/425°F/plinska oznaka 7 oko 10 minuta, dok smjesa ne porumeni.

Kolačići od rajčice i začinskog bilja

prije 12 godina

8 oz/2 šalice/225 g glatkog brašna (višenamjenskog)

5 ml/1 žličica šećera u prahu (superfinog)

2,5 ml/½ žličice soli

40 ml/2½ žlice praška za pecivo

100 g putera ili margarina

30ml/2 žlice mlijeka

30 ml/2 žlice vode

4 zrele rajčice oguljene, očišćene od sjemenki i nasjeckane

45 ml/3 žlice nasjeckanog svježeg bosiljka

Pomiješajte brašno, šećer, sol i prašak za pecivo. Utrljajte maslac ili margarin dok smjesa ne podsjeća na krušne mrvice. Dodajte mlijeko, vodu, rajčice i bosiljak i miješajte dok smjesa ne postane glatka. Mijesite nekoliko sekundi na lagano pobrašnjenoj radnoj površini, zatim razvaljajte na 1/2,5 cm debljine i kalupom za kekse režite na ploške. Stavite kekse na podmazan pleh za pečenje (biskvit) dobro razmaknute i pecite u prethodno zagrijanoj pećnici na 230°C/425°F/plin 7 15 minuta, dok ne postanu rahli i zlatno smeđi.

Jednostavan bijeli kruh

Radi tri štruce kruha, svaka od 450 g

1 oz/25 g svježeg kvasca ili 2½ žlice/40 ml suhog kvasca

10 ml/2 žličice šećera

900 ml/1½ boda/3¾ šalice mlake vode

1 oz/25 g/2 žlice masti (biljnog masti)

1,5 kg/3 lb/12 šalica običnog jakog brašna (kruh)

15 ml/1 žlica soli

Kvasac pomiješajte sa šećerom i malo tople vode i miješajte na toplom 20 minuta dok ne postane pjenast. Utrljajte mast u brašno i sol, zatim dodajte mješavinu kvasca i dovoljno preostale vode da dobijete čvrsto tijesto koje ostavlja čiste stijenke zdjele. Mijesite na lagano pobrašnjenoj površini ili u kuhaču dok ne postane elastično i ne bude više ljepljivo. Stavite tijesto u nauljenu zdjelu, prekrijte nauljenom prozirnom folijom (plastičnom folijom) i ostavite da se diže na toplom mjestu dok se ne udvostruči i postane elastično na dodir, oko 1 sat.

Tijesto ponovno premijesite dok ne bude čvrsto, podijelite na trećine i stavite u podmazane kalupe od 450g ili oblikujte štruce po želji. Pokrijte i ostavite da se diže na toplom mjestu oko 40 minuta, dok se tijesto ne digne malo iznad površine ramekina.

Pecite u prethodno zagrijanoj pećnici na 230°C/450°F/plin 8 30 minuta, dok se štruce ne počnu skupljati sa stijenki kalupa, ne postanu zlatnosmeđe i čvrste te dok se lupka po dnu ne zvuči šuplje.

peciva

prije 12 godina

½ oz/15 g svježeg kvasca ili 4 žlice. žličica/20 ml suhog kvasca

5 ml/1 žličica šećera u prahu (superfinog)

300 ml/½ pt/1¼ šalice vrućeg mlijeka

2 oz/50 g/¼ šalice maslaca ili margarina

1 funta/4 šalice/450g glatkog oštrog brašna (kruh)

Prstohvat soli

1 žumanjak

30 ml/2 žlice maka

Kvasac pomiješajte sa šećerom i malo mlakog mlijeka i ostavite da se diže na toplom 20 minuta dok ne zapjeni. Premažite maslacem ili margarinom s brašnom i solju i u sredini napravite udubinu. Dodajte smjesu s kvascem, preostalo toplo mlijeko i žumanjke te miješajte dok ne postane glatko. Mijesite dok tijesto ne postane elastično i ne bude više ljepljivo. Stavite u nauljenu zdjelu, prekrijte nauljenom prozirnom folijom (plastičnom folijom) i ostavite da stoji na toplom mjestu dok se ne udvostruči, oko 1 sat.

Tijesto lagano premijesite pa ga izrežite na 12 dijelova. Svaki razvaljajte u traku oko 15 cm i uvijte u prsten. Stavite u podmazan pleh, pokrijte i ostavite da se diže 15 minuta.

Zakuhajte veliki lonac vode, a zatim smanjite vatru. Kolut uronite u kipuću vodu i kuhajte 3 minute, jednom okrećući, zatim izvadite i stavite na lim za pečenje (pleh za kolače). Nastavite s preostalim pecivima. Bagele pospite makom i pecite u prethodno zagrijanoj pećnici na 230°C/450°F/plin oznaka 8 20 minuta dok ne porumene.

baps

prije 12 godina

1 oz/25 g svježeg kvasca ili 2½ žlice/40 ml suhog kvasca

5 ml/1 žličica šećera u prahu (superfinog)

150 ml/¼ pt/2/3 šalice vrućeg mlijeka

2 oz/50 g/¼ šalice masti (masina od povrća)

1 funta/4 šalice/450g glatkog oštrog brašna (kruh)

5 ml/1 žličica soli

150 ml/¼ pt/2/3 šalice mlake vode

Kvasac pomiješajte sa šećerom i malo mlakog mlijeka i ostavite da se diže na toplom 20 minuta dok ne zapjeni. Mast utrljajte u brašno, zatim dodajte sol i napravite udubinu u sredini. Dodajte smjesu kvasca, preostalo mlijeko i vodu i miješajte dok smjesa ne postane glatka. Mijesite dok ne postane elastično i ne bude više ljepljivo. Stavite u namašćenu zdjelu i prekrijte namašćenom prozirnom folijom (plastičnom folijom). Pustite da se diže na toplom mjestu dok se ne udvostruči, oko 1 sat.

Od tijesta oblikujte 12 pljosnatih kiflica i stavite ih u podmazan pleh. Ostavite da se diže 15 minuta.

Pecite u prethodno zagrijanoj pećnici na 230°C/450°F/plinska oznaka 8 15-20 minuta, dok ne porumene.

Kremasti ječmeni kruh

Pravi štrucu od 900 g/2 lb

½ oz/15 g svježeg kvasca ili 4 žlice. žličica/20 ml suhog kvasca

prstohvat šećera

350 ml/1½ šalice mlake vode

400 g/3½ šalice glatkog brašna (kruh)

175g/6oz/1½ šalice ječmenog brašna

Prstohvat soli

45 ml/3 žlice tekućeg vrhnja (svijetlog)

Kvasac pomiješajte sa šećerom i malo tople vode i miješajte na toplom 20 minuta dok ne postane pjenast. U posudi pomiješajte brašno i sol, dodajte smjesu s kvascem, vrhnje i preostalu vodu te miješajte dok se ne dobije čvrsto tijesto. Mijesite dok ne bude glatko i više ne bude ljepljivo. Stavite u nauljenu zdjelu, prekrijte nauljenom prozirnom folijom (plastičnom folijom) i ostavite da stoji na toplom mjestu dok se ne udvostruči, oko 1 sat.

Ponovno lagano premijesiti, zatim oblikovati u namašćeni kalup (pleh) od 900 g, pokriti i ostaviti na toplom da se diže 40 minuta dok se tijesto ne digne preko ruba kalupa.

Pecite u prethodno zagrijanoj pećnici na 220°C/425°F/plinska oznaka 7 10 minuta, zatim smanjite temperaturu pećnice na 190°C/375°F/plinska oznaka 5 i pecite još 25 minuta dok ne poprime zlatnu boju i pojave se rupe . -Zvuk kada se dodirne baza.

Pivski kruh

Pravi štrucu od 900 g/2 lb

450 g/1 lb/4 šalice brašna koje se samo diže

5 ml/1 žličica soli

12 tečnih oz/350 ml/1½ šalice lagera

Miješajte sastojke dok se ne formira glatka pasta. Oblikujte u podmazan kalup od 900 g, pokrijte i ostavite da se diže na toplom 20 minuta. Pecite u prethodno zagrijanoj pećnici na 190°C/375°F/plinska oznaka 5 45 minuta, dok ne poprimi zlatnosmeđu boju i ne zvuči šuplje kada se lupka po dnu.

Bostonski smeđi kruh

Radi tri štruce kruha, svaka od 450 g

100g/4oz/1 šalica raženog brašna

100g/1 šalica kukuruznog brašna

4 oz/100 g/1 šalica integralnog pšeničnog brašna (cjelovitog pšeničnog)

5 ml/1 žličica sode bikarbone (natrij bikarbona)

5 ml/1 žličica soli

9 oz/250 g/¾ šalice crne melase (melase)

500 ml/16 tečnih oz/2 šalice mlaćenice

175g/1 šalica grožđica

Pomiješajte suhe sastojke, zatim dodajte melasu, mlaćenicu i grožđice i miješajte dok smjesa ne postane glatka. Smjesu izlijte u tri podmazane čaše za puding od 450 g, obložite ih papirom za pečenje (voštani papir) i folijom te zavežite koncem da zatvorite vrh. Stavite u veliki lonac i napunite dovoljno vruće vode da dođe do polovice stijenke zdjele. Zakuhajte vodu, pokrijte posudu i kuhajte na laganoj vatri 2,5 sata. Po potrebi dodajte još kipuće vode. Izvadite zdjelice iz posude i ostavite da se malo ohlade. Poslužite vruće s maslacem.

Lonci od mekinja

postoje 3

1 oz/25 g svježeg kvasca ili 2½ žlice/40 ml suhog kvasca

5 ml/1 žličica šećera

600 ml/1 pt/2½ šalice mlake vode

675 g/1½ lb/6 šalica integralnog pšeničnog brašna (cjelovito zrno pšenice)

1 oz/25 g/¼ šalice sojinog brašna

5 ml/1 žličica soli

50g/2oz/1 šalica mekinja

Mlijeko za glazuru

45 ml/3 žlice mljevene pšenice

Trebat će vam tri nove, čiste glinene posude od 13 cm/5 inča. Dobro ih premažite maslacem i pecite u vrućoj pećnici 30 minuta da ne popucaju.

Kvasac pomiješajte sa šećerom i malo tople vode i miješajte dok ne postane pjenasto. Pomiješajte brašno, sol i mekinje i napravite udubinu u sredini. Smjesu vruće vode i kvasca umijesiti u čvrsto tijesto. Prebacite na pobrašnjenu površinu i mijesite dok tijesto ne postane glatko i elastično, oko 10 minuta. Alternativno, to možete učiniti u procesoru hrane. Stavite tijesto u čistu zdjelu, prekrijte nauljenom prozirnom folijom i ostavite da se diže na toplom mjestu dok se ne udvostruči, oko 1 sat.

Stavite na pobrašnjenu radnu površinu i ponovno mijesite 10 minuta. Oblikujte tri namazane posude, pokrijte ih i ostavite da se diže 45 minuta dok se tijesto ne digne na posude.

Premažite tijesto mlijekom i pospite mljevenom pšenicom. Pecite u prethodno zagrijanoj pećnici na 230°C/450°F/plinska oznaka 8 15 minuta. Smanjite temperaturu pećnice na 200°C/400°F/plinska oznaka 6 i pecite još 30 minuta, dok ne postane pahuljasto i čvrsto. Izvadite iz kalupa i ostavite da se ohladi.

Kiflice s maslacem

prije 12 godina

450 g običnog tijesta za bijeli kruh

100 g putera ili margarina, narezanog na kockice

Pripremite tijesto za kruh i ostavite ga da se diže dok ne udvostruči volumen i postane elastično.

Ponovno premijesite tijesto i dodajte maslac ili margarin. Oblikovati 12 kiflica i staviti u podmazan pleh sa dovoljnim razmakom između njih. Pokrijte nauljenom prozirnom folijom (plastičnom folijom) i ostavite da se diže na toplom mjestu dok se ne udvostruči, oko 1 sat.

Pecite u prethodno zagrijanoj pećnici na 230°C/450°F/plin 8 20 minuta, dok ne poprime zlatnosmeđu boju i ne zvuče šuplje kada se lupka po dnu.

Kruh s mlaćenicom

Radi štrucu kruha od 675 g

450 g/1 funta/4 šalice glatkog brašna (višenamjenskog)

5 ml/1 žličica kreme od zubnog kamenca

5 ml/1 žličica sode bikarbone (natrij bikarbona)

250 ml/8 oz/1 šalica mlaćenice

U posudi pomiješajte brašno, tartar i sodu bikarbonu te u sredini napravite udubinu. Dodajte dovoljno mlaćenice da dobijete glatku smjesu. Oblikujte okruglicu i stavite u podmazan pleh. Pecite u prethodno zagrijanoj pećnici na 220°C/425°F/plinska oznaka 7 20 minuta, dok se tijesto dobro ne digne i ne porumeni.

kanadski kukuruzni kruh

Pravi štrucu od 23 cm.

1¼ šalice/5 oz/150 g glatkog brašna (višenamjenskog)

75 g/¾ šalice kukuruznog brašna

15 ml/1 žlica praška za pecivo

2,5 ml/½ žličice soli

100g/4oz/1/3 šalice javorovog sirupa

100g/4oz/½ šalice masti (ghee), otopljen

2 razmućena jaja

Pomiješajte suhe sastojke, zatim dodajte sirup, mast i jaja te miješajte dok se dobro ne sjedine. Izlijte u podmazan kalup za pečenje promjera 23 cm i pecite u prethodno zagrijanoj pećnici na 220°C/425°F/plinska oznaka 7 25 minuta, dok dobro ne naraste, ne porumeni i počne se skupljati po rubovima. . Iz kutije

Cornish peciva

prije 12 godina

1 oz/25 g svježeg kvasca ili 2½ žlice/40 ml suhog kvasca

15 ml/1 žlica šećera u prahu (superfinog)

300 ml/½ pt/1¼ šalice vrućeg mlijeka

2 oz/50 g/¼ šalice maslaca ili margarina

1 funta/4 šalice/450g glatkog oštrog brašna (kruh)

Prstohvat soli

Kvasac pomiješajte sa šećerom i malo mlakog mlijeka i miješajte na toplom 20 minuta dok ne postane pjenasto. Premažite maslacem ili margarinom s brašnom i solju i u sredini napravite udubinu. Dodajte smjesu kvasca i preostalo mlijeko i miješajte dok smjesa ne postane glatka. Mijesite dok ne postane elastično i ne bude više ljepljivo. Stavite u namašćenu zdjelu i prekrijte namašćenom prozirnom folijom (plastičnom folijom). Pustite da se diže na toplom mjestu dok se ne udvostruči, oko 1 sat.

Od tijesta oblikujte 12 pljosnatih kiflica i stavite ih u podmazan pleh. Prekriti nauljenom prozirnom folijom i ostaviti da se diže 15 minuta.

Pecite u prethodno zagrijanoj pećnici na 230°C/450°F/plinska oznaka 8 15-20 minuta, dok ne porumene.

Seoski somun

Pravi šest kiflica.

10 ml/2 žličice suhog kvasca

15 ml/1 žlica svijetlog meda

120 ml/4oz/½ šalice mlake vode

350 g/3 šalice glatkog brašna (kruh)

5 ml/1 žličica soli

2 oz/50 g/¼ šalice maslaca ili margarina

5 ml/1 žličica kumina

5 ml/1 žličica mljevenog korijandera

5 ml/1 žličica mljevenog kardamoma

120 ml/4 fl oz/½ šalice toplog mlijeka

60 ml/4 žlice sjemenki sezama

Pomiješajte kvasac i med s 45 ml/3 žlice mlake vode i 15 ml/1 žličice brašna i miješajte na toplom mjestu dok se ne zapjeni, oko 20 minuta. Preostalo brašno pomiješajte sa solju, zatim umiješajte maslac ili margarin, dodajte kim, korijander i kardamom te u sredini napravite udubinu. Pomiješajte smjesu s kvascem, preostalu vodu i dovoljno mlijeka da dobijete glatko tijesto. Dobro mijesite dok ne postane čvrsto i ne bude više ljepljivo. Stavite u nauljenu posudu, prekrijte nauljenom prozirnom folijom (plastičnom folijom) i ostavite da stoji na toplom mjestu dok se ne udvostruči volumen, oko 30 minuta.

Ponovno premijesite tijesto pa oblikujte pljeskavice. Stavite u podmazan pleh (biskvit) i namažite mlijekom. Pospite sezamom. Prekriti nauljenom prozirnom folijom i ostaviti da se diže 15 minuta.

Pecite u prethodno zagrijanoj pećnici na 200°C/400°F/plinska oznaka 6 30 minuta dok ne porumene.

Seoska pletenica s makom

Radi štrucu kruha od 450 g

10 oz/275 g/2½ šalice glatkog (višenamjenskog) brašna

1 oz/25 g/2 žlice šećera u prahu (superfinog)

5 ml/1 žličica soli

10 ml / 2 žličice suhog kvasca koji se lako miješa

175 ml/6 tečnih oz/¾ šalice mlijeka

1 oz/25 g/2 žlice maslaca ili margarina

1 jaje

Malo mlijeka ili bjelanjka za pečenje

30 ml/2 žlice maka

Pomiješajte brašno, šećer, sol i kvasac. Mlijeko zagrijte s maslacem ili margarinom, pa brašno pomiješajte s jajetom i zamijesite čvrsto tijesto. Mijesite dok ne postane elastično i ne bude više ljepljivo. Stavite u nauljenu zdjelu, prekrijte nauljenom prozirnom folijom (plastičnom folijom) i ostavite da stoji na toplom mjestu dok se ne udvostruči, oko 1 sat.

Ponovno premijesiti i oblikovati tri kobasice dužine oko 20 cm. Navlažite jedan kraj svake trake i pritisnite zajedno. Zatim ispletite trake, navlažite krajeve i zalijepite ih. Stavite u podmazan pleh (pleh za kolače), prekrijte namaščenom prozirnom folijom i ostavite da se diže oko 40 minuta dok ne udvostruči volumen.

Premažite mlijekom ili bjelanjkom i pospite makom. Pecite u prethodno zagrijanoj pećnici na 190°C/375°F/plinska oznaka 5 oko 45 minuta dok ne porumene.

Seoski kruh od cjelovitog zrna

Pravi dvije štruce od 450 g

20 ml/4 žličice suhog kvasca

5 ml/1 žličica šećera u prahu (superfinog)

600 ml/1 pt/2½ šalice mlake vode

1 oz/25 g/2 žlice masti (biljnog masti)

1¾ funte/7 šalica integralnog pšeničnog brašna (cjelovitog pšeničnog)

10 ml/2 žličice soli

10 ml/2 žličice ekstrakta slada

1 razmućeno jaje

1 oz/25 g/¼ šalice mljevene pšenice

Kvasac pomiješajte sa šećerom i malo tople vode i miješajte dok ne postane pjenasto, oko 20 minuta. Utrljajte mast u brašno, sol i sladni ekstrakt te u sredini napravite udubinu. Dodajte smjesu kvasca i preostalu toplu vodu i miješajte dok smjesa ne postane glatka. Dobro mijesite dok ne postane elastično i ne bude više ljepljivo. Stavite u nauljenu zdjelu, prekrijte nauljenom prozirnom folijom (plastičnom folijom) i ostavite da stoji na toplom mjestu dok se ne udvostruči, oko 1 sat.

Ponovno premijesite tijesto i oblikujte dva namašćena kalupa od 450 g. Pustite da se diže na toplom mjestu oko 40 minuta, dok se tijesto ne digne malo iznad stijenki posude.

Gornji dio kruha obilno premažite jajetom i pospite mljevenom pšenicom. Pecite u prethodno zagrijanoj pećnici na 230°C/450°F/plinska oznaka 8 oko 30 minuta, dok ne porumene i ne zvuči šuplje kada se lupka po dnu.

Curry pletenice

Pravi dvije štruce od 450 g

120 ml/4oz/½ šalice mlake vode

30 ml/2 žlice suhog kvasca

8 oz/225 g/2/3 šalice svijetlog meda

1 oz/25 g/2 žlice maslaca ili margarina

30 ml/2 žlice curry praha

675 g/1½ lb/6 šalica glatkog brašna (višenamjensko)

10 ml/2 žličice soli

450 ml/¾ pt/2 šalice mlaćenice

1 jaje

10 ml/2 žličice vode

45 ml/3 žlice narezanih badema u listićima

Pomiješajte vodu s kvascem i 5 ml/1 žličicu meda i miješajte dok ne postane pjenasto 20 minuta. Otopite maslac ili margarin, zatim dodajte curry prah i pirjajte 1 minutu. Dodajte preostali med i maknite s vatre. U zdjelu stavimo polovicu brašna i sol te u sredini napravimo udubinu. Dodajte mješavinu kvasca, mješavinu meda i mlaćenicu te postupno dodajte preostalo brašno, miješajući dok ne postane glatko. Mijesite dok ne postane glatko i elastično. Stavite u nauljenu posudu, prekrijte nauljenom plastičnom folijom i ostavite da stoji na toplom mjestu dok se ne udvostruči, oko 1 sat.

Ponovno premijesite i podijelite tijesto na pola. Svaki dio narežite na trećine i zarolajte u kobasice od 20 cm. Namočite jedan kraj svake trake i stisnite u dvije serije od po tri kako biste ih zatvorili. Upletite dva seta traka zajedno i zalijepite krajeve. Stavite na podmazanu tepsiju (pleh za kolače), prekrijte namašćenom prozirnom folijom (plastičnom folijom) i ostavite da se diže dok se ne udvostruči, oko 40 minuta.

Umutiti jaje s vodom, namazati na kruh i posuti bademima. Pecite u prethodno zagrijanoj pećnici na 190°C/375°F/plin 5 40 minuta, dok ne poprime zlatnosmeđu boju i ne zvuči šuplje kada se lupka po dnu.

Odjeli Devona

prije 12 godina

1 oz/25 g svježeg kvasca ili 2½ žlice/40 ml suhog kvasca

5 ml/1 žličica šećera u prahu (superfinog)

150 ml/¼ pt/2/3 šalice vrućeg mlijeka

2 oz/50 g/¼ šalice maslaca ili margarina

1 funta/4 šalice/450g glatkog oštrog brašna (kruh)

150 ml/¼ pt/2/3 šalice mlake vode

Kvasac pomiješajte sa šećerom i malo mlakog mlijeka i miješajte na toplom 20 minuta dok ne postane pjenasto. U brašno utrljati maslac ili margarin i u sredini oblikovati udubinu. Dodajte smjesu kvasca, preostalo mlijeko i vodu i miješajte dok smjesa ne postane glatka. Mijesite dok ne postane elastično i ne bude više ljepljivo. Stavite u namašćenu zdjelu i prekrijte namašćenom prozirnom folijom (plastičnom folijom). Pustite da se diže na toplom mjestu dok se ne udvostruči, oko 1 sat.

Od tijesta oblikujte 12 pljosnatih kiflica i stavite ih u podmazan pleh. Ostavite da se diže 15 minuta.

Pecite u prethodno zagrijanoj pećnici na 230°C/450°F/plinska oznaka 8 15-20 minuta, dok se tijesto dobro ne digne i ne porumeni.

Kruh od pšeničnih klica s voćem

Pravi štrucu od 900 g/2 lb

8 oz/2 šalice/225 g glatkog brašna (višenamjenskog)

5 ml/1 žličica soli

5 ml/1 žličica sode bikarbone (natrij bikarbona)

5 ml/1 žličica praška za pecivo

175g/6oz/1½ šalice pšeničnih klica

100g/1 šalica kukuruznog brašna

100g/1 šalica zobenih pahuljica

12 oz/350 g/2 šalice grožđica (zlatne grožđice)

1 jaje, lagano tučeno

250 ml/8 oz/1 šalica običnog jogurta

150 ml/¼ pt/2/3 šalice melase (melase)

60 ml/4 žlice zlatnog sirupa (svijetli kukuruzni)

30ml/2 žlice ulja

Pomiješajte suhe sastojke i grožđice te u sredini napravite udubinu. Pomiješajte jaje, jogurt, melasu, sirup i ulje pa dodajte suhe sastojke i miješajte dok smjesa ne postane glatka. Oblikujte u podmazan kalup od 900 g i pecite u prethodno zagrijanoj pećnici na 180°C/350°F/plin 4 1 sat, dok ne bude čvrst na dodir. Ostavite da se ohladi u limu 10 minuta prije nego što ga okrenete na rešetku da se ohladi.

Voćne mliječne pletenice

Pravi dvije štruce od 450 g

½ oz/15 g svježeg kvasca ili 4 žlice. žličica/20 ml suhog kvasca

5 ml/1 žličica šećera u prahu (superfinog)

450 ml/¾ pt/2 šalice vrućeg mlijeka

2 oz/50 g/¼ šalice maslaca ili margarina

675 g/1½ lb/6 šalica glatkog brašna (višenamjensko)

Prstohvat soli

100g/4oz/2/3 šalice grožđica

1 oz/25 g/3 žlice crvenog ribiza

1 oz/25 g/3 žlice nasjeckane miješane (ušećerene) kore

Mlijeko za glazuru

Pomiješajte kvasac sa šećerom i malo toplog mlijeka. Pustite da se diže na toplom mjestu dok ne postane pjenasto, oko 20 minuta. Maslac ili margarin premažite s brašnom i soli, dodajte grožđice, ribizle i miješanu koru te u sredini napravite udubinu. Umiješajte preostalu toplu smjesu mlijeka i kvasca i zamijesite glatko, ali ne ljepljivo tijesto. Stavite u namašćenu zdjelu i prekrijte namašćenom prozirnom folijom (plastičnom folijom). Pustite da se diže na toplom mjestu dok se ne udvostruči, oko 1 sat.

Opet lagano premijesiti, pa podijeliti na pola. Svaku polovicu podijelite na trećine i zarolajte u oblik kobasice. Navlažite jedan kraj svake rolice i nježno pritisnite tri zajedno, zatim upletite tijesto, navlažite krajeve i spojite ih. Ponovite postupak s drugom pletenicom od tijesta. Stavite u podmazan pleh, pokrijte namazanom prozirnom folijom (plastičnom folijom) i ostavite da se diže oko 15 minuta.

Premažite s malo mlijeka, a zatim pecite u prethodno zagrijanoj pećnici na 200°C/400°F/plinska oznaka 6 30 minuta, dok ne poprime zlatnosmeđu boju i ne zvuči šuplje kada se lupka po dnu.

Žitni kruh

Pravi dvije štruce od 900 g/2 lb

1 oz/25 g svježeg kvasca ili 2½ žlice/40 ml suhog kvasca

5 ml/1 žličica meda

450 ml/¾ pt/2 šalice mlake vode

12 oz/350 g/3 šalice zrnatog brašna

12 oz/350 g/3 šalice integralnog pšeničnog brašna (cjelovitog pšeničnog)

15 ml/1 žlica soli

½ oz/15 g/1 žlica maslaca ili margarina

Pomiješajte kvasac s medom i malo tople vode i miješajte na toplom mjestu dok ne zapjeni, oko 20 minuta. Pomiješajte brašno i sol te dodajte maslac ili margarin. Pomiješajte smjesu kvasca i dovoljno tople vode da dobijete glatko tijesto. Mijesite na lagano pobrašnjenoj površini dok ne bude glatko i neljepljivo. Stavite u nauljenu zdjelu, prekrijte nauljenom prozirnom folijom (plastičnom folijom) i ostavite da stoji na toplom mjestu dok se ne udvostruči, oko 1 sat.

Ponovno premijesite i oblikujte u dva namašćena kalupa od 900 g. Prekriti nauljenom prozirnom folijom i ostaviti da se diže dok tijesto ne dođe do vrha kalupa.

Pecite u prethodno zagrijanoj pećnici na 220°C/425°F/plin 7 25 minuta, dok ne porumeni i ne zvuči šuplje kada se lupka po dnu.

Barn rolnice

prije 12 godina

½ oz/15 g svježeg kvasca ili 2½ žlice/20 ml suhog kvasca

5 ml/1 žličica šećera u prahu (superfinog)

300 ml/½ pt/1¼ šalice mlake vode

450 g/1 funta/4 šalice zrnatog brašna

5 ml/1 žličica soli

5 ml/1 žlica sladnog ekstrakta

30 ml/2 žlice mljevene pšenice

Kvasac pomiješajte sa šećerom i malo tople vode i ostavite na toplom mjestu dok ne zapjeni. Umiješajte brašno i sol, zatim dodajte smjesu kvasca, preostalu toplu vodu i sladni ekstrakt. Mijesite na lagano pobrašnjenoj površini dok ne bude glatko i elastično. Stavite u nauljenu zdjelu, prekrijte nauljenom prozirnom folijom (plastičnom folijom) i ostavite da stoji na toplom mjestu dok se ne udvostruči, oko 1 sat.

Lagano premijesiti pa oblikovati rolnice i stavljati u podmazan pleh. Premažite vodom i pospite zrnom pšenice. Prekrijte nauljenom prozirnom folijom i ostavite na toplom mjestu dok se ne udvostruči, oko 40 minuta.

Pecite u prethodno zagrijanoj pećnici na 220°C/425°F/plin 7 10-15 minuta, dok ne zvuči šuplje kada lupkate po podlozi.

Kruh od lješnjaka

Pravi štrucu od 900 g/2 lb

½ oz/15 g svježeg kvasca ili 4 žlice. žličica/20 ml suhog kvasca

5 ml / 1 žličica slatkog smeđeg šećera

450 ml/¾ pt/2 šalice mlake vode

450 g/1 funta/4 šalice zrnatog brašna

1½ šalice/6 oz/175 g običnog jakog brašna (kruh)

5 ml/1 žličica soli

15 ml/1 žlica maslinovog ulja

100 g/1 šalica lješnjaka, grubo nasjeckanih

Kvasac pomiješajte sa šećerom i malo tople vode i miješajte na toplom 20 minuta dok ne postane pjenast. U posudi pomiješajte brašno i sol, dodajte kvasac, ulje i preostalu toplu vodu te mijesite dok se ne dobije čvrsto tijesto. Mijesite dok ne bude glatko i više ne bude ljepljivo. Stavite u nauljenu zdjelu, prekrijte nauljenom prozirnom folijom (plastičnom folijom) i ostavite da stoji na toplom mjestu dok se ne udvostruči, oko 1 sat.

Ponovno lagano premijesite i dodajte orahe, zatim oblikujte namašćeni kalup za kruh od 900g/2lb, prekrijte nauljenom prozirnom folijom i ostavite da se diže na toplom mjestu 30 minuta dok se tijesto ne digne na vrhu kalupa.

Pecite u prethodno zagrijanoj pećnici na 220°C/425°F/plin 7 30 minuta, dok ne poprime zlatnosmeđu boju i ne zvuči šuplje kada se lupka po dnu.

Grisini

prije 12 godina

1 oz/25 g svježeg kvasca ili 2½ žlice/40 ml suhog kvasca

15 ml/1 žlica šećera u prahu (superfinog)

120 ml/4 fl oz/½ šalice toplog mlijeka

1 oz/25 g/2 žlice maslaca ili margarina

1 funta/4 šalice/450g glatkog oštrog brašna (kruh)

10 ml/2 žličice soli

Kvasac pomiješajte s 5 ml/1 žličicom šećera i malo toplog mlijeka te miješajte na toplom mjestu 20 minuta dok ne postane pjenast. U preostalom mlakom mlijeku otopite preostali maslac i šećer. U zdjelu stavimo brašno i sol te u sredini napravimo udubinu. Dodajte smjesu kvasca i mlijeka i umijesite vlažno tijesto. Sve miješajte dok ne postane glatko. Stavite u nauljenu zdjelu, prekrijte nauljenom prozirnom folijom (plastičnom folijom) i ostavite da stoji na toplom mjestu dok se ne udvostruči, oko 1 sat.

Lagano premijesiti, zatim podijeliti na 12 dijelova, razvaljati na duge, tanke štapiće i stavljati u podmazan pleh s dovoljnim razmakom između njih. Prekriti nauljenom prozirnom folijom i ostaviti da se diže na toplom 20 minuta.

Premažite grisine vodom, zatim pecite u prethodno zagrijanoj pećnici na 220°C/425°F/plinska oznaka 7 10 minuta, zatim smanjite temperaturu pećnice na 180°C/350°F/plinska oznaka 4 i ponovno pecite 20 minuta dok ne postane hrskavo.

Crop pletenica

Radi štrucu od 550g

1 oz/25 g svježeg kvasca ili 2½ žlice/40 ml suhog kvasca

1 oz/25 g/2 žlice šećera u prahu (superfinog)

150 ml/¼ pt/2/3 šalice vrućeg mlijeka

2 oz/50 g/¼ šalice maslaca ili margarina, otopljenog

1 razmućeno jaje

450 g/1 funta/4 šalice glatkog brašna (višenamjenskog)

Prstohvat soli

30 ml/2 žlice crvenog ribiza

2,5 ml/½ žličice mljevenog cimeta

5 ml/1 žličica naribane kore limuna

Mlijeko za glazuru

Pomiješajte kvasac s 2,5 ml/½ žličice šećera i malo toplog mlijeka i ostavite da se zapjeni na toplom mjestu oko 20 minuta. Preostalo mlijeko pomiješajte s maslacem ili margarinom i ostavite da se malo ohladi. Pomiješajte s jajetom. Stavite preostale sastojke u zdjelu i napravite rupu u sredini. Dodajte smjesu mlijeka i kvasca i miješajte dok ne postane glatka. Mijesite dok ne postane elastično i ne bude više ljepljivo. Stavite u namašćenu zdjelu i prekrijte namašćenom prozirnom folijom (plastičnom folijom). Pustite da se diže na toplom mjestu dok se ne udvostruči, oko 1 sat.

Tijesto podijelite na trećine i zarolajte u trake. Navlažite jedan kraj svake trake i zalijepite krajeve. Zatim ispletite ostale krajeve, navlažite ih i učvrstite. Stavite u podmazan pleh, prekrijte nauljenom prozirnom folijom i ostavite da se diže 15 minuta na toplom mjestu.

Premažite s malo mlijeka i pecite u prethodno zagrijanoj pećnici na 220°C/425°F/plin 7 15-20 minuta, dok ne poprime zlatnosmeđu boju i ne zvuče šuplje kada se lupka po dnu.

mliječni kruh

Pravi dvije štruce od 450 g

½ oz/15 g svježeg kvasca ili 4 žlice. žličica/20 ml suhog kvasca

5 ml/1 žličica šećera u prahu (superfinog)

450 ml/¾ pt/2 šalice vrućeg mlijeka

2 oz/50 g/¼ šalice maslaca ili margarina

675 g/1½ lb/6 šalica glatkog brašna (višenamjensko)

Prstohvat soli

Mlijeko za glazuru

Pomiješajte kvasac sa šećerom i malo toplog mlijeka. Pustite da se diže na toplom mjestu dok ne postane pjenasto, oko 20 minuta. Premažite maslacem ili margarinom s brašnom i solju i u sredini napravite udubinu. Umiješajte preostalu toplu smjesu mlijeka i kvasca i zamijesite glatko, ali ne ljepljivo tijesto. Stavite u namašćenu zdjelu i prekrijte namašćenom prozirnom folijom (plastičnom folijom). Pustite da se diže na toplom mjestu dok se ne udvostruči, oko 1 sat.

Ponovno lagano premijesite pa smjesu podijelite u dva namašćena kalupa od 450 g, pokrijte nauljenom prozirnom folijom i ostavite da se diže 15-ak minuta, dok tijesto ne bude malo iznad gornjeg ruba kalupa.

Premažite s malo mlijeka, a zatim pecite u prethodno zagrijanoj pećnici na 200°C/400°F/plinska oznaka 6 30 minuta, dok ne poprime zlatnosmeđu boju i ne zvuči šuplje kada se lupka po dnu.

Voćni kruh s mlijekom

Pravi dvije štruce od 450 g

½ oz/15 g svježeg kvasca ili 4 žlice. žličica/20 ml suhog kvasca

5 ml/1 žličica šećera u prahu (superfinog)

450 ml/¾ pt/2 šalice vrućeg mlijeka

2 oz/50 g/¼ šalice maslaca ili margarina

675 g/1½ lb/6 šalica glatkog brašna (višenamjensko)

Prstohvat soli

100g/4oz/2/3 šalice grožđica

Mlijeko za glazuru

Pomiješajte kvasac sa šećerom i malo toplog mlijeka. Pustite da se diže na toplom mjestu dok ne postane pjenasto, oko 20 minuta. Premažite maslac ili margarin s brašnom i soli, dodajte grožđice i u sredini napravite udubinu. Umiješajte preostalu toplu smjesu mlijeka i kvasca i zamijesite glatko, ali ne ljepljivo tijesto. Stavite u namašćenu zdjelu i prekrijte namašćenom prozirnom folijom (plastičnom folijom). Pustite da se diže na toplom mjestu dok se ne udvostruči, oko 1 sat.

Ponovno lagano premijesite pa smjesu podijelite u dva namašćena kalupa od 450 g, pokrijte nauljenom prozirnom folijom i ostavite da se diže 15-ak minuta, dok tijesto ne bude malo iznad gornjeg ruba kalupa.

Premažite s malo mlijeka, a zatim pecite u prethodno zagrijanoj pećnici na 200°C/400°F/plinska oznaka 6 30 minuta, dok ne poprime zlatnosmeđu boju i ne zvuči šuplje kada se lupka po dnu.

jutarnji kruh

Pravi dvije štruce od 450 g

100g/4oz/1 šalica cjelovitog zrna pšenice

15 ml/1 žlica sladnog ekstrakta

450 ml/¾ pt/2 šalice mlake vode

1 oz/25 g svježeg kvasca ili 2½ žlice/40 ml suhog kvasca

30 ml/2 žlice svijetlog meda

1 oz/25 g/2 žlice masti (biljnog masti)

675 g/1½ lb/6 šalica integralnog pšeničnog brašna (cjelovito zrno pšenice)

¼ šalice/1 oz/25 g mlijeka u prahu (obranog mlijeka u prahu)

5 ml/1 žličica soli

Namočite bobičasto voće i ekstrakt slada u toploj vodi preko noći. Kvasac pomiješajte s još malo mlake vode i 5 ml/1 žličicu meda. Pustite da se diže na toplom mjestu dok ne postane pjenasto, oko 20 minuta. Masnoću utrljajte u brašno, mlijeko u prahu i sol te u sredini napravite udubinu. Dodajte smjesu kvasca, preostali med i smjesu pšenice i miješajte dok ne postane tijesto. Dobro mijesite dok ne postane glatko i ne bude ljepljivo. Stavite u nauljenu zdjelu, prekrijte nauljenom prozirnom folijom (plastičnom folijom) i ostavite da stoji na toplom mjestu dok se ne udvostruči, oko 1 sat.

Ponovo premijesite tijesto pa oblikujte dva namašćena kalupa od 450 g. Pokrijte nauljenom prozirnom folijom i ostavite da se diže na toplom 40 minuta dok se tijesto samo ne digne na površinu kalupa.

Pecite u prethodno zagrijanoj pećnici na 200°C/425°F/plinska oznaka 7 oko 25 minuta, dok se tijesto lijepo ne digne i ne zvuči šuplje pri lupkanju po podlozi.

mekani kruh

Pravi dvije štruce od 900 g/2 lb

10 oz/300 g/2½ šalice integralnog pšeničnog brašna (cjelovitog pšeničnog)

300 g/2½ šalice glatkog (višenamjenskog) brašna

40 ml/2½ žlice suhog kvasca

15 ml/1 žlica šećera u prahu (superfinog)

10 ml/2 žličice soli

500 ml/17 tečnih oz/2¼ šalice toplog mlijeka

2,5 ml/½ žličice praška za pecivo (natrij bikarbonat)

15 ml/1 žlica mlake vode

Pomiješajte brašna. Stavite 350 g/12 oz/3 šalice miješanog brašna u zdjelu i pomiješajte kvasac, šećer i sol. Dodajte mlijeko i tucite dok se smjesa ne zgusne. Pomiješajte sodu bikarbonu i vodu i dodajte u tijesto s preostalim brašnom. Podijelite smjesu u dva namašćena kalupa za kruh (muffine) od 900 g, pokrijte i ostavite da se diže dok se ne udvostruči, oko sat vremena.

Pecite u prethodno zagrijanoj pećnici na 190°C/375°F/plinska oznaka 5 1 sat i 15 minuta, dok se tijesto dobro ne digne i ne porumeni.

Kruh bez kvasca

Pravi štrucu od 900 g/2 lb

1 funta/4 šalice integralnog pšeničnog brašna (cjelovitog pšeničnog)

1½ šalice/6 oz/175 g brašna koje se samo diže

5 ml/1 žličica soli

30 ml/2 žlice šećera u prahu (superfinog)

450 ml/¾ pt/2 šalice mlijeka

20 ml/4 žličice octa

30ml/2 žlice ulja

5 ml/1 žličica sode bikarbone (natrij bikarbona)

Pomiješajte brašno, sol i šećer i u sredini napravite udubinu. Umutite mlijeko, ocat, ulje i prašak za pecivo, ulijte u suhe sastojke i miješajte dok ne postane glatko. Oblikujte u namašćeni kalup za kruh (pleh) od 900 g i pecite u prethodno zagrijanoj pećnici na 180°C/350°F/plin 4 1 sat, dok ne porumeni i ne zvuči šuplje kada se lupka.

tijesto za pizzu

Dovoljno za dvije pizze od 23 cm

½ oz/15 g svježeg kvasca ili 4 žlice. žličica/20 ml suhog kvasca

prstohvat šećera

250 ml/8 tečnih oz/1 šalica mlake vode

12 oz/350 g/3 šalice glatkog (višenamjenskog) brašna

Prstohvat soli

30ml/2 žlice maslinovog ulja

Kvasac pomiješajte sa šećerom i malo tople vode i miješajte na toplom 20 minuta dok ne postane pjenast. Brašno pomiješajte sa solju i maslinovim uljem i umijesite u glatku smjesu koja se ne lijepi. Stavite u nauljenu posudu, prekrijte nauljenom prozirnom folijom (plastičnom folijom) i ostavite na toplom 1 sat dok ne udvostruči volumen. Ponovno premijesiti i oblikovati po potrebi.

Klip zobi

Radi štrucu kruha od 450 g

1 oz/25 g svježeg kvasca ili 2½ žlice/40 ml suhog kvasca

5 ml/1 žličica šećera u prahu (superfinog)

150 ml/¼ pt/2/3 šalice vrućeg mlijeka

150 ml/¼ pt/2/3 šalice mlake vode

400 g/3½ šalice glatkog brašna (kruh)

5 ml/1 žličica soli

1 oz/25 g/2 žlice maslaca ili margarina

100g/4oz/1 šalica srednje velike zobene kaše

Kvasac i šećer pomiješajte s mlijekom i vodom i miješajte na toplom mjestu dok ne postane pjenasto. Pomiješajte brašno i sol pa umiješajte maslac ili margarin i dodajte zobene pahuljice. Napravite udubinu u sredini, ulijte smjesu s kvascem i miješajte dok ne postane glatka. Istresite na pobrašnjenu površinu i mijesite 10 minuta dok tijesto ne postane glatko i elastično. Stavite u nauljenu zdjelu, prekrijte nauljenom prozirnom folijom (plastičnom folijom) i ostavite da se diže na toplom mjestu dok se ne udvostruči, oko 1 sat.

Ponovno premijesite tijesto i zatim ga oblikujte u oblik štruce po želji. Stavite u podmazan pleh (kolačiće), premažite s malo vode, prekrijte nauljenom prozirnom folijom i ostavite na toplom oko 40 minuta dok ne udvostruče volumen.

Pecite u prethodno zagrijanoj pećnici na 230°C/450°F/plin 8 25 minuta, dok se tijesto dobro ne digne, ne porumeni i ne zvuči šuplje kada ga lupkate po dnu.

zobena kaša

prije 4 godine

1 oz/25 g svježeg kvasca ili 2½ žlice/40 ml suhog kvasca

5 ml/1 žličica meda

300 ml/½ pt/1¼ šalice mlake vode

1 funta/4 šalice/450g glatkog oštrog brašna (kruh)

50g/2oz/½ šalice srednje velike zobi

2,5 ml/½ žličice praška za pecivo

Prstohvat soli

1 oz/25 g/2 žlice maslaca ili margarina

Kvasac pomiješajte s medom i malo tople vode i miješajte na toplom 20 minuta dok ne postane pjenast.

Pomiješajte brašno, zobene pahuljice, prašak za pecivo i sol pa utrljajte maslac ili margarin. Dodajte smjesu kvasca i preostalu toplu vodu i miješajte dok se ne dobije srednje meko tijesto. Mijesite dok ne postane elastično i ne bude više ljepljivo. Stavite u nauljenu zdjelu, prekrijte nauljenom prozirnom folijom (plastičnom folijom) i ostavite da stoji na toplom mjestu dok se ne udvostruči, oko 1 sat.

Ponovno lagano premijesite i oblikujte krug debljine oko 3 cm/1¼. Narežite na četvrtine i stavite u podmazan lim za pečenje, malo razmaknute ali još uvijek u izvornom okruglom obliku. Pokrijte nauljenom prozirnom folijom i ostavite da se diže dok se ne udvostruči, oko 30 minuta.

Pecite u prethodno zagrijanoj pećnici na 200°C/400°F/plin 6 30 minuta, dok ne poprime zlatnosmeđu boju i ne budu šuplji kada se lupka.

Pita kruh

prije 6 godina

½ oz/15 g svježeg kvasca ili 4 žlice. žličica/20 ml suhog kvasca

5 ml/1 žličica šećera u prahu (superfinog)

300 ml/½ pt/1¼ šalice mlake vode

1 funta/4 šalice/450g glatkog oštrog brašna (kruh)

5 ml/1 žličica soli

Pomiješajte kvasac, šećer i malo tople vode i ostavite da se diže na toplom 20 minuta dok se smjesa ne zapjeni. Smjesu kvasca i preostalu toplu vodu pomiješajte s brašnom i soli i zamijesite čvrsto tijesto. Miješite dok ne postane glatko i elastično. Stavite u nauljenu zdjelu, prekrijte nauljenom prozirnom folijom (plastičnom folijom) i ostavite da stoji na toplom mjestu dok se ne udvostruči, oko 1 sat.

Ponovo premijesiti i podijeliti na šest dijelova. Razvaljajte u ovale debljine oko ¼/5 mm i stavite u podmazan pleh. Pokrijte nauljenom prozirnom folijom i ostavite da se diže 40 minuta dok se ne udvostruči.

Pecite u prethodno zagrijanoj pećnici na 230°C/450°F/plinska oznaka 8 10 minuta, dok lagano ne porumene.

brzi kruh od cjelovitog zrna pšenice

Pravi dvije štruce od 450 g

½ oz/15 g svježeg kvasca ili 4 žlice. žličica/20 ml suhog kvasca

300 ml/½ pt/1¼ šalice toplog mlijeka i vode pomiješane

15 ml/1 žlica melase (melase)

8 oz/2 šalice/225 g integralnog pšeničnog brašna (cjelovito pšenično)

8 oz/2 šalice/225 g glatkog brašna (višenamjenskog)

10 ml/2 žličice soli

1 oz/25 g/2 žlice maslaca ili margarina

15 ml/1 žlica mljevene pšenice

Kvasac pomiješajte s malo toplog mlijeka i vode kao i melasu i miješajte na toplom mjestu dok ne postane pjenasto. Pomiješajte brašno i sol te dodajte maslac ili margarin. U sredini napravite udubljenje i u njega ulijte smjesu od kvasca. Mijesite dok se ne formira čvrsto tijesto. Prebacite na pobrašnjenu površinu i mijesite 10 minuta dok ne bude glatko i elastično, ili preradite u multipraktiku. Oblikujte dva kruha i stavite ih u namašćene i obložene kalupe za kruh od 450 g. Premažite vrh vodom i pospite zrnom pšenice. Pokrijte nauljenom prozirnom folijom (plastičnom folijom) i ostavite da se diže na toplom mjestu oko 1 sat dok ne udvostruči volumen.

Pecite u prethodno zagrijanoj pećnici na 240°C/475°F/plin 8 40 minuta, dok štruce ne zvuče šuplje kada ih lupkate po dnu.

Mekani rižin kruh

Pravi štrucu od 900 g/2 lb

3 oz/1/3 šalice riže dugog zrna

½ oz/15 g svježeg kvasca ili 4 žlice. žličica/20 ml suhog kvasca

prstohvat šećera

250 ml/8 tečnih oz/1 šalica mlake vode

550 g/1 ¼ funte/5 šalica običnog jakog brašna (kruh)

2,5 ml/½ žličice soli

Izmjerite rižu u šalicu i zatim je ulijte u tavu. Dodajte tri puta više hladne vode, zakuhajte i poklopljeno kuhajte oko 20 minuta dok voda ne upije. U međuvremenu pomiješajte kvasac sa šećerom i malo tople vode i miješajte na toplom 20 minuta dok se ne zapjeni.

U zdjelu stavimo brašno i sol te u sredini napravimo udubinu. Pomiješajte smjesu s kvascem i toplu rižu i miješajte dok smjesa ne postane glatka. Stavite u nauljenu zdjelu, prekrijte nauljenom prozirnom folijom (plastičnom folijom) i ostavite da stoji na toplom mjestu dok se ne udvostruči, oko 1 sat.

Lagano premijesite, dodajte još malo brašna ako je tijesto premekano za rukovanje i oblikujte u podmazan kalup od 900 g. Pokrijte nauljenom prozirnom folijom i ostavite da se diže na toplom 30 minuta dok se tijesto ne digne preko ruba lima.

Pecite u prethodno zagrijanoj pećnici na 230°C/450°F/plinska oznaka 8 10 minuta, zatim smanjite temperaturu pećnice na 200°C/400°F/plinska oznaka 6 i pecite još 25 minuta dok ne porumene i ne porumene smeđa. . -Zvuk kada se dodirne baza.

Kruh od riže i badema

Pravi štrucu od 900 g/2 lb

¾ šalice/6 oz/175 g maslaca ili margarina, omekšalog

6 oz/175 g/¾ šalice šećera u prahu (superfinog)

3 jaja, lagano tučena

4 oz/100 g/1 šalica običnog jakog brašna (kruh)

5 ml/1 žličica praška za pecivo

Prstohvat soli

100g/1 šalica mljevene riže

2 oz/50 g/½ šalice mljevenih badema

15 ml/1 žlica mlake vode

Miksajte maslac ili margarin i šećer dok ne dobijete laganu, pahuljastu smjesu. Umutite jedno po jedno jaje pa dodajte suhe sastojke i vodu dok ne dobijete glatku smjesu. Oblikujte u namašćeni kalup za kruh (pleh) od 900 g i pecite u prethodno zagrijanoj pećnici na 180°C/350°F/plin 4 1 sat, dok ne porumeni i ne zvuči šuplje kada se lupka.

www.ingramcontent.com/pod-product-compliance
Lightning Source LLC
Chambersburg PA
CBHW071857110526
44591CB00011B/1452